MARKETING EDUCACIONAL

Dados Internacionais de Catalogação na Publicação (CIP)

F363m Fernandes, Fábio Fernando Rodrigues.

Marketing educacional / Fábio Fernando Rodrigues Fernandes. – São Paulo, SP: Cengage, 2016

Inclui bibliografia.
ISBN 13 978-85-221-2888-4

1. Marketing educacional. 2. Marketing – Estratégia – Escolas. 3. Planejamento estratégico. 4. Professores – Motivação. 5. Propaganda. I. Título.

CDU 371:658.8
CDD 371.207

Índice para catálogo sistemático:

1. Marketing educacional   371:658.8

(Bibliotecária responsável: Sabrina Leal Araujo – CRB 10/1507)

MARKETING EDUCACIONAL

❖ CENGAGE

Austrália • Brasil • México • Cingapura • Reino Unido • Estados Unidos

Marketing educacional

Autor: Fábio Fernando Rodrigues Fernandes

Gerente editorial: Noelma Brocanelli

Editoras de desenvolvimento: Gisela Carnicelli, Regina Plascak e Salete Guerra

Coordenadora e editora de aquisições: Guacira Simonelli

Produção editorial: Fernanda Troeira Zuchini

Copidesque: Sirlene M. Sales

Revisão: Aline Darcy Flor de Souza e Vania Helena L. G. Correa

Diagramação: Alfredo Carracedo Castillo

Capa: Estúdio Aventura

Imagens usadas neste livro por ordem de páginas:
Y.Vainitski/ Shutterstock; Rawpixel/ Shutterstock; Syda Productions/ Shutterstock; Matej Kastelic/ Shutterstock; Stuart Miles/ Shutterstock; Tashatuvango/ Shuttestock; alphaspirit/ Shutterstock; Petr Vaclavek/ Shutterstock; Radu Bercan/ Shutterstock; file404/ Shutterstock; Rawpixel/ Shutterstock; racorn/ Shutterstock; Phecsone/ Shutterstock; Alexander Kalina/ Shutterstock; Chatchawan/ Shutterstock; Minerva Studio/ Shutterstock; ITS STUDIO/ Shutterstock; Route66/ Shutterstock; f9photos/ Shutterstock; Digital Storm/ Shutterstock; Rawpixel/ Shutterstock; Matej Kastelic/ Shutterstock; KieferPix/ Shutterstock; Everett Collection/ Shutterstock; viewcapture/ Shutterstock; Imilian/ Shutterstock; Arthimedes/ Shutterstock; FabioBalbi/ Shutterstock; KPG_Payless/ Shutterstock; nasirkhan/ Shutterstock; pio3/ Shutterstock; Luciano Mortula/ Shutterstock Luciano Mortula/ Shutterstock; master_art/ Shutterstock; cigdem/ Sgutterstock; Design Seed/ Shutterstock

© 2016 Cengage Learning Edições Ltda.

Todos os direitos reservados. Nenhuma parte deste livro poderá ser reproduzida, sejam quais forem os meios empregados, sem a permissão por escrito da Editora. Aos infratores aplicam-se as sanções previstas nos artigos 102, 104, 106, 107 da Lei nº 9.610, de 19 de fevereiro de 1998.

Esta editora empenhou-se em contatar os responsáveis pelos direitos autorais de todas as imagens e de outros materiais utilizados neste livro. Se porventura for constatada a omissão involuntária na identificação de algum deles, dispomo-nos a efetuar, futuramente, os possíveis acertos.

Esta editora não se responsabiliza pelo funcionamento dos links contidos neste livro que possam estar suspensos.

Para permissão de uso de material desta obra, envie seu pedido para
direitosautorais@cengage.com

© 2016 Cengage Learning Edições Ltda.
Todos os direitos reservados.

ISBN 13: 978-85-221-2888-4
ISBN 10: 85-221-2888-X

Cengage Learning Edições Ltda.
Condomínio E-Business Park
Rua Werner Siemens, 111 - Prédio 11
Torre A - Conjunto 12
Lapa de Baixo - CEP 05069-900 - São Paulo - SP
Tel.: (11) 3665-9900   Fax: 3665-9901
SAC: 0800 11 19 39

Para suas soluções de curso e aprendizado, visite
www.cengage.com.br

Impresso no Brasil
Printed in Brazil

Apresentação

Com o objetivo de atender às expectativas dos estudantes e leitores que veem o estudo como fonte inesgotável de conhecimento, esta **Série Educação** traz um conteúdo didático eficaz e de qualidade, dentro de uma roupagem criativa e arrojada, direcionado aos anseios de quem busca informação e conhecimento com o dinamismo dos dias atuais.

Em cada título da série, é possível encontrar a abordagem de temas de forma abrangente, associada a uma leitura agradável e organizada, visando facilitar o aprendizado e a memorização de cada assunto. A linguagem dialógica aproxima o estudante dos temas explorados, promovendo a interação com os assuntos tratados.

As obras são estruturadas em quatro unidades, divididas em capítulos, e neles o leitor terá acesso a recursos de aprendizagem como os tópicos *Atenção*, que o alertará sobre a importância do assunto abordado, e o *Para saber mais*, com dicas interessantíssimas de leitura complementar e curiosidades incríveis, que aprofundarão os temas abordados, além de recursos ilustrativos, que permitirão a associação de cada ponto a ser estudado.

Esperamos que você encontre nesta série a materialização de um desejo: o alcance do conhecimento de maneira objetiva, agradável, didática e eficaz.

Boa leitura!

Prefácio

Em qualquer que seja o segmento, a concorrência observada no mercado é cada vez mais acirrada e, ao contrário do que se pensa, não é diferente no cenário educacional.

Pensar em um processo de marketing voltado para a educação pode parecer complexo se tivermos de selecionar o cliente desse nicho: o aluno. Qual proposta levar para ele? O que um aluno espera de uma instituição de ensino? Quais são os seus anseios enquanto estudante? Quais ferramentas ele precisará para executar bem a tarefa ligada ao ato de aprender?

Não se trata, somente, de publicizar a oferta de serviços, de suportes, de aprimoramento do atendimento e orientação, entre outros requisitos de primeira linha, diferenciais nesse tipo de ramo. Trata-se, principalmente, de transmitir corretamente a exata mensagem daquilo que o potencial cliente necessita: ensino, e ensino de qualidade.

Alguns órgãos e instituições têm falhado nesse tipo de estratégia. Não basta fomentar o uso de ferramentas de última geração, de estruturas imponentes e deixar de conceder o que o cliente espera. Na verdade, esse cliente não está desacompanhado. Em geral, lhe amparando em suas escolhas, estarão os seus responsáveis que, em decorrência do seu grau de dependência, fará uma boa avaliação antes de proceder a sua escolha. Desta forma, para uma boa estratégia de marketing educacional, é necessário analisar cada quesito com muito cuidado.

Este é o objetivo deste material.

Dividido em quatro unidades, este conteúdo terá como foco transmitir os principais conceitos do que é o marketing educacional.

A Unidade 1 começa tratando do marketing e suas definições, passando pelo marketing geral, a importância do marketing e os seus objetivos, a aplicabilidade das estratégias que o envolve, o conceito de bens tangíveis, de eventos, lugares, pessoas e propriedades.

Na Unidade 2, o leitor vai encontrar o debate acerca de assuntos como concorrência, novos serviços, promoção e educação, evidência física, preços e outros custos do serviço, marketing educacional nas instituições de ensino superior, avaliação ambiental, avaliação de recursos, definição de meta, proposta organizacional, plano de sistemas, análise do mercado educacional, entre outros assuntos.

Já na Unidade 3, entramos no estudo da motivação, do professor como instrumento de marketing, da remuneração dos colaboradores, da motivação e afetividade do aluno, e a sala de aula como estratégia de publicidade.

Finalmente, na Unidade 4, a comunicação, a propaganda, os orçamentos para cada uma dessas necessidades no processo de marketing, a escolha da mídia e outras questões adentram no ponto chave deste importante debate.

Não restam dúvidas de que o marketing é a estratégia que proporcionará maior visibilidade àquele que pretende divulgar determinado trabalho ou serviço e não está longe do ramo da educação. Este conteúdo fará com que você tenha certeza disso.

Boa leitura.

UNIDADE 1
FUNDAMENTOS DE MARKETING EDUCACIONAL

Capítulo 1 Marketing – definições, 11

Capítulo 2 A importância do marketing, 12

Capítulo 3 Objetivos do marketing, 12

Capítulo 4 Trocas e transações, 13

Capítulo 5 A aplicabilidade do marketing, 15

Capítulo 6 Por quem o marketing é feito, 17

Capítulo 7 Mercados, 18

Capítulo 8 Orientações para o mercado, 20

Capítulo 9 Conceitos centrais do marketing, 22

Capítulo 10 O marketing aplicado a serviços, 24

Capítulo 11 Marketing aplicado à educação, 26

Capítulo 12 Miopia em marketing educacional, 28

Capítulo 13 Preço, 28

Capítulo 14 Custos, 29

Capítulo 15 Praça, 29

Capítulo 16 Promoção, 30

Glossário, 32

1. Marketing – definições

O setor educacional é uma indústria mundial de trilhões de dólares que emprega, aproximadamente, 5% da força global de trabalho. Tais dados vêm ao encontro do reconhecimento da escola como oportunidade de negócio, servindo às necessidades do capital e dos estudantes e seus pais como consumidores que possibilitam o aquecimento da economia educacional. Tratando-se a educação como uma oportunidade de negócios, o estudo do marketing aplicado à educação torna-se muito promissor como ferramenta de gestão estratégica para as escolas, pois, assim como qualquer outro setor, o educacional passou a necessitar de grandes investimentos para atrair e seduzir os clientes (alunos e pais) e o marketing tornou-se a ferramenta mais utilizada.

Mas o que, afinal de contas, é marketing?

Antes de estudarmos o marketing educacional propriamente dito, abordaremos conceitos iniciais do marketing geral. Dito isso, vejamos as várias definições para a disciplina.

Durante muito tempo, o marketing foi considerado e confundido com as ações voltadas somente para a publicidade e propaganda. Porém, é muito mais que isso. Podemos dizer que o marketing envolve a identificação e a satisfação das necessidades humanas e sociais, suprindo-as lucrativamente, com produtos ou serviços, por meio do processo de trocas. O marketing também tem a função de estudar os **canais de distribuição** do produto e o comportamento do cliente, além de incrementar as vendas.

Como já foi dito, devido à concorrência e à sofisticação do cliente, o conceito de marketing evoluiu para uma orientação no sentido de satisfazer suas necessidades. Sob esse conceito, como algo oposto à orientação tradicional para vendas, o produto é uma variável a ser realizada e modificada, em resposta às mudanças nas exigências do cliente. Assim, marketing é uma atividade humana básica pela qual pessoas obtêm o que necessitam e desejam por meio da criação e da troca de produtos, serviços e outras coisas valiosas com outras. O marketing tem como função mais do que encontrar clientes para comercializar produtos e serviços, tem que integrar-se com os clientes. Marketing é ainda uma atividade de descobrir, conquistar e manter clientes.

Inicialmente, o termo "marketing" foi introduzido com significado de mercadologia. A partir da década de 1970, marketing passou a significar o ato de comercializar ou de negociar. O marketing deixou de operar somente em propagandas e divulgação de eventos e passou a colaborar para uma gestão e um planejamento com visão estratégica.

Atualmente, o marketing é a análise, o planejamento, a implementação e o controle de programas cuidadosamente formulados para causar trocas voluntárias de valores com mercados-alvo e alcançar os objetivos institucionais. (Mais adiante, estudaremos o termo "mercados-alvo") O marketing envolve e programa as ofertas da instituição para atender às necessidades e aos desejos de mercados-alvo, usando preço, comunicação e distribuição eficazes para informar, monitorar e atender a esses mercados. O marketing é uma das maiores ferramentas na luta pela sobrevivência e pelo crescimento de uma empresa.

A administração de marketing é, por assim dizer, a arte e a ciência da escolha de mercados-alvo e da captação, manutenção e fidelização de clientes por meio da criação, da entrega e da comunicação de um valor superior para o cliente. Em suma, o marketing é uma forma lucrativa de satisfazer as necessidades.

2. A importância do marketing

O sucesso financeiro, muitas vezes, depende da habilidade de marketing. Quaisquer outras funções dentro da organização não terão sentido se não houver uma demanda de produtos e serviços suficiente para que a empresa obtenha lucro. Por isso, o marketing tem assumido tanta importância dentro das organizações, quer sejam elas fabricantes de bens de consumo ou organizações sem fim lucrativos, quer sejam grandes indústrias ou instituições de ensino. No entanto, o marketing não é simples e pode se tornar a parte mais sensível de uma organização que depara com clientes mais exigentes e/ou com novos concorrentes. Muitas organizações precisam repensar seus **modelos de negócios** a fim de se adequarem às necessidades de seus clientes, sob pena de fracasso.

Todavia, tomar as decisões corretas a respeito do marketing nem sempre é fácil. Os encarregados do marketing da organização precisam tomar decisões importantes, como quais características incluir em um novo produto ou serviço, onde e a que preço vendê-lo e quanto gastar em propaganda e venda. Assim, as empresas sujeitas a maior risco são as que não monitoram seus clientes e concorrentes a fim de aperfeiçoar sempre suas ofertas de valor. (Esse termo será estudado mais adiante.) Quando as organizações agem dessa forma, estão assumindo uma visão de curto prazo direcionada somente para vendas, acabando por não satisfazer os acionistas, os colaboradores, os parceiros e os fornecedores. O marketing habilidoso trabalha para que isso não ocorra. Por isso está sempre buscando se aperfeiçoar.

3. Objetivos do marketing

Embora consideremos que sempre será necessário vender, o objetivo do marketing é tornar supérfluo o esforço da venda, conhecendo e entendendo o cliente tão bem que o produto ou o serviço seja adequado a ele e se venda sozinho.

O ideal do marketing é um cliente disposto a comprar, sendo necessário somente tornar disponível o produto ou o serviço adequado, que no caso deste estudo é a educação ou o ensino.

Dessa forma, não é correto definir o marketing como a arte de vender produtos ou serviços, mas, sim, como a arte de entender o cliente de forma que tais vendas ocorram naturalmente, resultando em um cliente disposto a comprar.

O marketing envolve a identificação e a satisfação das necessidades humanas e sociais, suprindo-as lucrativamente, com produtos ou serviços, por meio do processo de trocas.

4. Trocas e transações

Ao analisarmos as definições de marketing, percebemos que para a sua existência se torna necessário haver uma troca, pois é por meio dela que ocorre a satisfação de ambas as partes da relação cliente/mercado.

A troca, portanto, é o conceito central do marketing, pois envolve a obtenção de um produto desejado de alguém oferecendo algo em contrapartida. Para que o potencial de troca possa existir, cinco condições são essenciais: 1 – Que existam duas partes, pelo menos; 2 – Que todas as partes possuam algo que tenha valor para as outras; 3 – Que todas as partes tenham capacidade de comunicação e de entrega; 4 – Que todas as partes estejam livres para aceitar ou recusar a oferta de troca; 5 – Que todas as partes acreditem ser adequado participar da negociação.

A troca efetiva depende de as partes envolvidas aceitarem as condições que as deixarão em uma situação melhor que a atual. A troca, portanto, é uma criação de valor, pois normalmente deixa as partes envolvidas em melhor situação que anteriormente.

Quando as partes envolvidas em uma troca estão negociando, tentando chegar a termos que sejam aceitáveis para todas e chegam a um acordo, dizemos que ocorreu a transação. Transação, portanto, é a troca de valores entre as partes envolvidas.

Por exemplo: Maria vende um celular para João e João lhe paga setecentos reais.

O exemplo de Maria e João representa uma transação monetária clássica, mas transações não exigem que o dinheiro seja um dos valores trocados. Uma transação de permuta, por exemplo, envolve a troca de bens e serviços por outros bens e serviços.

Exemplo: O advogado Pedro prepara o testamento do médico Orlando em troca de uma consulta.

Uma transação envolve várias dimensões, quais sejam: pelo menos duas coisas de valor; acordo no que diz respeito aos termos propostos; momento do acordo; e local do acordo.

Geralmente, se tem também nas transações um sistema legal que as apoie e proteja em caso de descumprimento dos termos pelas partes, conferindo segurança e confiança.

Transação não é o mesmo que transferência. Na transferência não há troca de valores. Exemplos de transferências são: presentes, doações, obras de caridade. Embora não haja troca de valores, o comportamento de transferência pode ser compreendido por esse processo. Veja que normalmente quem transfere algo para alguém espera deste gratidão.

Exemplo: Profissionais **fundraisers** oferecem benefícios aos doadores, como cartas de agradecimento, assinaturas de revistas e convites para eventos.

Os profissionais de marketing têm avançado, assim, no conceito de marketing para incluir o estudo do comportamento de transação e também do fenômeno da transferência.

De forma mais ampla, o marketing habilidoso procura provocar uma resposta comportamental da outra parte, constituindo-se na tomada de ações que provoquem a reação desejada de um público-alvo, como no caso de uma empresa desejar realizar uma venda, um candidato buscar votos, um grupo de ação social desejar a adoção acalorada de uma causa, uma instituição de ensino desejar aumentar o número de alunos.

Para realizar trocas de sucesso, os profissionais de marketing analisam o que cada parte envolvida espera daquela transação. As trocas podem ser mapeadas por meio da identificação de duas partes e do fluxo dos desejos e ofertas existentes entre eles.

Exemplo: uma empresa líder mundial em equipamentos agrícolas pesquisa os benefícios que uma grande empresa agrícola deseja ao comprar tratores. Esses benefícios incluem equipamentos de alta qualidade, preço justo, pontualidade na entrega, condições de financiamento vantajosas e peças de reposição e serviços de qualidade, não necessariamente nessa ordem de prioridades. A líder mundial em equipamentos agrícolas também tem uma lista de desejos: um bom preço pelo equipamento, pagamento pontual e propaganda boca a boca positiva. Havendo compatibilidade suficiente entre as duas listas, existirá base para que a transação ocorra entre as empresas. A tarefa da empresa vendedora dos tratores é apresentar uma oferta que motive a empresa agrícola a comprar seus equipamentos. A compradora poderá apresentar uma contraoferta. Esse processo de negociação leva a condições aceitáveis por ambas as partes ou à decisão de não levar adiante as negociações.

5. A aplicabilidade do marketing

Quando pensamos a que o marketing se aplica, logo nos vem à cabeça a satisfação da necessidade do cliente por meio de produtos ou serviços. Mas o marketing é aplicado a muitas outras áreas, as quais veremos a seguir.

Bens – Bens tangíveis ou produtos representam a maior parte do esforço de produção e marketing da maioria dos países. A economia moderna se sustenta pela produção e comercialização de trilhões de produtos frescos, ensacados e congelados, carros, geladeiras, televisões, máquinas e vários outros bens que são além de tudo comercializados também por pessoas físicas de forma eficaz pela internet.

Serviços – À medida que as economias evoluem, uma proporção cada vez maior de suas atividades se concentra na produção de serviços como aqueles prestados por empresas aéreas, hotéis, locadoras de automóveis, barbeiros, profissionais que realizam manutenção e reparo, profissionais liberais, escolas. Além disso, existem aquelas empresas que oferecem ao mercado ao mesmo tempo um produto e um serviço, como o caso dos restaurantes *fast-food*.

Mais adiante, veremos mais particularmente a aplicação do marketing aos serviços, por se tratar do ramo de nosso estudo.

Eventos – Feiras setoriais, espetáculos, eventos esportivos globais como a Copa do Mundo de Futebol e as Olimpíadas são promovidos agressivamente tanto para empresas como para o público-alvo desses eventos. E há uma categoria específica

de profissionais que se encarregam de planejar reuniões e elaborar os detalhes de um evento para que tudo saia conforme o planejado.

Experiências – É possível criar, apresentar e comercializar experiências harmonizando diversos serviços e mercadorias, ou ainda experiências customizadas. Como exemplo, temos o Magic Kingdom da Walt Disney World, em que os clientes podem visitar um reino de conto de fadas, um navio pirata e uma casa mal-assombrada ou, ainda, escalar o Monte Everest.

Pessoas – O marketing de celebridade se tornou um negócio importante, pois, hoje, todo astro ou estrela de cinema ou da música tem um agente, um empresário e ligações com uma agência de relações públicas. Esse tipo de vertente vem se expandindo, uma vez que presidentes de empresas, médicos, advogados e outros profissionais têm buscado a ajuda de empresas de marketing de celebridades. Algumas pessoas são particularmente hábeis em fazer seu marketing pessoal, como a cantora Madonna.

Lugares – Cidades, estados, regiões e até países inteiros competem ativamente para atrair turistas, fábricas, sedes de empresas e novos moradores. Nesse quesito, trabalham profissionais de marketing especialistas em desenvolvimento econômico, agentes imobiliários, bancos comerciais, associações de negócios locais e agências de publicidade e relações públicas.

Propriedades – Propriedades são **bens intangíveis** de posse, tanto de imóveis como de bens financeiros (ações e títulos). Direitos de propriedade são comprados e vendidos e isso leva a um esforço de marketing. Imobiliárias trabalham para proprietários de imóveis ou para quem as procura para comprar e vender imóveis residenciais ou comerciais. Já as instituições de investimentos e bancárias estão envolvidas no marketing de produtos e serviços financeiros, para pessoas tanto físicas quanto jurídicas.

Organizações – As organizações trabalham sistematicamente para construir uma imagem sólida e positiva na mente de seu público-alvo. Para tanto, investem em propaganda de identidade corporativa, universidades, museus, grupos de teatro e organizações sem fins lucrativos que utilizam o marketing para melhorar sua imagem pública e competir por público e recursos.

Informações – As informações podem ser produzidas e comercializadas como um produto. É isso que instituições de ensino produzem e distribuem, mediante um preço, aos pais, aos alunos e às comunidades. Enciclopédias e grande parte dos livros de não ficção vendem informações. Revistas também as vendem. A produção, a embalagem e a distribuição de informações constituem um dos principais setores econômicos da sociedade de hoje.

Exemplo: o presidente de uma grande empresa que fabrica máquinas de radiografias disse que o seu produto não é necessariamente um aparelho de raios X ou de ressonância magnética, mas, sim, a informação. O negócio da empresa é a tecnologia da informação para a saúde e o produto final, um registro eletrônico do paciente: informações sobre exames laboratoriais, patologia e medicamentos.

Ideias – Toda oferta de marketing traz em sua essência uma ideia básica. Produtos e serviços são plataformas para a entrega de algum conceito ou benefício.

Exemplo: o representante de uma grande marca mundial de cosméticos observou um dia que na fábrica faziam cosméticos, mas na loja vendiam esperança.

6. Por quem o marketing é feito

Um profissional de marketing é alguém que busca uma resposta (atenção, compra, voto, doação) de outra parte denominada *cliente prospect*. Se duas partes estão buscando vender algo uma para outra, ambas são denominadas profissionais de marketing.

Os profissionais de marketing são treinados para estimular e gerenciar a demanda (esse termo será estudado mais adiante) por produtos de uma empresa, buscando influenciar o nível, a oportunidade e a composição da demanda para atender aos objetivos da organização. São possíveis oito estados de demanda, que analisaremos a seguir.

a) **Demanda negativa**: ocorre quando os consumidores não gostam do produto e até pagam para evitá-lo.

b) **Demanda inexistente**: é o caso dos consumidores que desconhecem o produto ou ainda não se interessam por ele.

c) **Demanda latente**: é a demanda em que o cliente *prospect* tem a necessidade, mas não há produto no mercado que a satisfaça.

d) **Demanda em declínio**: neste caso, os consumidores deixam de comprar o produto ou diminuem a intensidade de compra.

e) **Demanda irregular**: as compras dos consumidores são sazonais, variam de acordo com o horário, dia e mês do ano.

f) **Demanda plena**: neste caso, os consumidores compram adequadamente todos os produtos colocados no mercado, ou seja, a demanda está adequada à necessidade apresentada.

g) **Demanda excessiva**: aqui, a procura é maior que a oferta de produtos, ou seja, há mais consumidores interessados em comprar o produto que produtos disponíveis.

h) **Demanda indesejada**: é o caso em que consumidores se sentem atraídos por produtos que têm consequências sociais indesejadas, prejudiciais à saúde, à sociedade ou ao meio ambiente.

Em cada caso, os profissionais de marketing devem identificar as causas implícitas do estado de demanda e determinar um plano de ação para alterá-la para um estado mais desejado. Por exemplo, no caso de demanda indesejada, produtos prejudiciais à saúde, como bebidas alcoólicas, cigarros e filmes pornográficos acessíveis para menores atrairão esforços de marketing para desestimular seu consumo.

7. Mercados

Antigamente, havia um local físico onde compradores e vendedores se reuniam para comprar e vender seus produtos. O mercado, hoje, é descrito como um conjunto de compradores e vendedores que efetuam transações relativas a determinado produto ou classe de produto. Assim, os fabricantes vão aos mercados de recursos e os transformam em bens e serviços que são vendidos a intermediários que depois os vendem aos clientes finais. Os consumidores vendem seu trabalho e recebem dinheiro por isso, com o qual pagam pelos bens e serviços já mencionados. O governo recolhe impostos para comprar dos mercados de recursos bem como dos fabricantes e dos intermediários e usam esses serviços e bens para oferecer os serviços públicos. A economia global representa, então, esses conjuntos de mercados que interagem de forma complexa e vinculada entre si por processos de troca.

No entanto, para o marketing, o termo "mercado" abrange vários agrupamentos de clientes. O marketing enxerga os vendedores como o setor e os compradores como o mercado. Como exemplos, podemos citar o mercado das necessidades, que contempla o grupo de pessoas que querem emagrecer, ou o mercado demográfico, que abarca o grupo de pessoas de determinada idade etc. O termo pode ser expandido também, podendo passar a representar outros mercados, como o de eleitores, de trabalho, de doadores. A seguir, temos os principais mercados de clientes.

Mercado consumidor

É o grupo formado pela grande massa e para quem as empresas querem vender seus produtos ou serviços. As empresas investem grande parte de seu tempo estabelecendo uma imagem de marca superior, com um produto superior, embalagem adequada, disponível em locais adequados e sustentado por propaganda contínua. Essa tarefa se torna complexa com a constante mudança desse mercado.

Mercado organizacional

É o grupo formado por empresas que compram de outras empresas seus bens e serviços para serem transformados e vendidos com lucro. As empresas compradoras dispõem de profissionais bem informados e preparados tecnicamente para avaliar as ofertas das empresas vendedoras concorrentes. As empresas vendedoras devem demonstrar como seus produtos serão mais adequados aos seus clientes, gerando custo menor e receitas maiores. Neste caso aqui, apesar de a propaganda ser importante, um fator ainda mais relevante é o preço, a força de vendas e a reputação da empresa vendedora.

Mercado global

É representado pelo mercado mundial, por assim dizer, ou pelos demais países em que a empresa atua ou com os quais a empresa ainda não faz negócios. Neste caso, a empresa precisará decidir em qual país entrar e como fazê-lo, respeitando as características culturais, jurídicas, políticas e econômicas de cada um.

Mercado sem fins lucrativos

É o grupo representado por organizações sem fins lucrativos, denominadas de terceiro setor ou governamentais. Aí estão as igrejas, as universidades, as instituições de caridade e os órgãos públicos. Para transacionar com esse mercado é preciso cautela, pois as organizações têm poder de compra limitado. Se, por um lado, preços mais baixos influenciam as características e a qualidade dos bens e serviços que o fornecedor inclui em sua oferta, por outro, muitas compras de setores governamentais exigem licitação e, a menos que haja fatores que justifiquem o preço mais elevado, é favorecida a proposta com o preço menor.

8. Orientações para o mercado

Existem cinco orientações concorrentes com base nas quais as organizações conduzem suas atividades de marketing, visando a buscar a filosofia que orientará seus esforços, levando-se em consideração os pesos relativos que devem ser dados aos interesses da organização, dos clientes e da sociedade. Essas cinco orientações estão listadas a seguir.

Orientação de produção – Sustenta que os consumidores dão preferência a produtos encontrados facilmente e de custo baixo. Geralmente, empresas com essa orientação alcançam eficiência na produção, com baixo custo e distribuição em massa. Países em desenvolvimento, como a China, fazem uso dessa filosofia.

Orientação de produto – Segundo esta filosofia, os consumidores dão preferência a produtos que oferecem qualidade e desempenho superiores ou que têm características inovadoras. As empresas focadas nessa orientação buscam fabricar produtos de qualidade, aperfeiçoando-os ao longo do tempo.

Orientação de vendas – Esta orientação se baseia no princípio de que os consumidores e as empresas normalmente não compram os produtos da organização em quantidade suficiente. Esta, portanto, deve empreender um esforço de vendas e promoção. É o caso do pensamento do ex-vice-presidente de marketing da Coca-Cola, que dizia que o objetivo do marketing é vender mais coisas para mais gente por mais dinheiro, a fim de obter mais lucros. Geralmente, a orientação para vendas é utilizada mais intensamente com produtos pouco procurados, que têm capacidade em excesso. As empresas procuram vender o que fabricam e não fabricar o que o mercado quer.

Orientação de marketing – Tal orientação baseia-se na forma eficaz com que uma empresa cria, entrega e comunica um valor superior (na opinião do cliente) a seus mercados-alvo escolhidos. Em outras palavras, tal filosofia deixa de estar centrada no produto e passa a estar centrada no cliente. Enquanto a venda está voltada para as necessidades do vendedor, o marketing está voltado para as necessidades do comprador.

Orientação de marketing holístico – O marketing holístico se traduz como o incremento, a concepção e a execução de programas, processos e atividades de marketing, com o reconhecimento da abrangência e mutualidade de seus efeitos. Ele afirma que no marketing tudo é relevante e importante: o consumidor, os funcionários da organização, outras empresas, a concorrência e a sociedade como um todo. Por isso, para esta orientação sempre é necessário ter uma perspectiva abrangente e integrada.

O marketing holístico é uma concepção do marketing que objetiva ajustar a finalidade e as complexidades das atividades do marketing. A seguir, falaremos brevemente sobre os quatro temas amplos que caracterizam o marketing holístico.

Marketing de relacionamento – Tem como meta construir relacionamentos de longo prazo satisfatórios para todas as partes envolvidas, quais sejam, clientes, fornecedores, distribuidores e outros **parceiros de marketing**, objetivando manter ou iniciar negócios com elas.

Marketing integrado – O marketing integrado envolve a concepção de atividades de marketing e montagem de programas totalmente integrados para criar, comunicar e entregar valor aos consumidores. Tais atividades, objetos dos programas de marketing, podem tomar muitas formas. A maneira mais tradicional de apresentá-las é em termos do composto de marketing, que basicamente é definido como o conjunto de ferramentas em quatro grupos que denominou os 4Ps do marketing: Produto, Preço, Praça e Promoção.

Decisões de composto de marketing devem ser tomadas para que tanto os **canais comerciais** como os consumidores finais sejam influenciados. Vejamos que a empresa pode mudar o preço de um produto, a variação da força de vendas e alteração da despesa com propaganda no curto prazo, mas o desenvolvimento de um novo produto ou serviço e a modificação dos canais de distribuição somente podem se dar em longo prazo.

Enquanto os 4Ps representam a visão da empresa vendedora com relação às ferramentas de marketing disponíveis para influenciar os compradores, do ponto de vista destes, cada P é projetado para lhes oferecer um benefício. Assim, já foi sugerido que aos 4Ps do vendedor correspondem os 4Cs dos clientes.

4Ps	4Cs
Produto	Cliente (solução para este)
Preço	Custo (do ponto de vista do cliente)
Praça	Conveniência
Promoção	Comunicação

Marketing interno – É o marketing incorporado pelo marketing holístico, em que todos os colaboradores da organização ou empresa precisam estar treinados e motivados a quererem atender bem os clientes. O marketing interno é quase ou tão mais importante que o marketing que se dirige para os demais parceiros. Não é possível oferecer um serviço ou produto excelente se não há equipe motivada e preparada para fazê-lo.

Marketing socialmente responsável – Envolve a preocupação com questões mais abrangentes, como ética, meio ambiente, questões legais e sociais que possam estar ligadas às atividades dos programas de marketing de uma empresa. Um exemplo é o caso da empresa de *fast-food* McDonald's, que passou a oferecer menos batatas fritas e incluiu uma pequena porção de fruta no lanche destinado ao público infantil, objetivando a prevenção da obesidade nessa faixa etária.

9. Conceitos centrais do marketing

Uma série de conceitos baseia a administração de marketing e a orientação do marketing holístico. São eles:

Necessidades, desejos e demandas – O profissional de marketing deve tentar entender estes três itens. As necessidades são os requisitos humanos básicos. Já os desejos são moldados pela sociedade de cada pessoa. Por outro lado, as demandas são desejos por produtos ou serviços específicos apoiados pela capacidade de comprá-los.

Mercados-alvo, posicionamento e segmentação – Na impossibilidade de satisfazer a todos de um mesmo mercado, os profissionais de marketing o dividem em segmentos, verificando as diversas diferenças entre os compradores, criando grupos distintos de acordo com suas necessidades e decidindo quais segmentos apresentam a maior oportunidade. Pronto, está definido o mercado-alvo. Para cada mercado-alvo escolhido, a empresa desenvolve uma **oferta de mercado**. A oferta é posicionada na cabeça dos compradores-alvo como algo que fornece um ou mais benefícios. As empresas mais bem-sucedidas escolhem seu mercado-alvo cuidadosamente e preparam programas de marketing sob medida para ele.

Ofertas e marcas – A oferta é a materialização de uma **proposta de valor** intangível. Essa oferta pode ser uma combinação de produtos, serviços, informações e experiências. Já a marca é uma oferta de uma fonte conhecida, como O McDonald's que propicia muitas associações nas mentes das pessoas, como hambúrgueres, diversão, crianças.

Valor e satisfação – O valor reflete os benefícios e os custos tangíveis e intangíveis percebidos pelo consumidor, sendo a combinação de qualidade, serviço e preço. A oferta será bem-sucedida se proporcionar ao comprador-alvo o valor e a satisfação. O valor é um conceito primordial para o marketing, que, como já vimos, tem em seu escopo identificar, criar, comunicar, entregar e monitorar o valor para o cliente. A satisfação refere-se aos julgamentos comparativos de um produto em relação às expectativas. Se o desempenho ficar abaixo das expectativas, surge um cliente insatisfeito. Se o desempenho do produto atender às expectativas, temos um cliente satisfeito. Se o produto superar as expectativas, então há o cliente encantado.

Canais de marketing – São os meios pelos quais a empresa atinge um mercado-alvo. São três os canais: comunicação, distribuição e serviços. Os canais de comunicação são todos os tipos de mídia, roupas, aparência das lojas e muitos outros meios. Já os canais de distribuição representam os distribuidores, atacadistas, os varejistas e os agentes que apresentam, vendem e/ou entregam o produto ou serviço ao cliente. Já os canais de serviços são aqueles em que se efetuam as transações dos clientes potenciais. São eles bancos, transportadoras, companhias de seguro etc.

Cadeia de suprimento – É todo o percurso feito pelo produto, desde a matéria-prima até o produto final. Essa cadeia de suprimento representa um sistema de entrega de valor.

Concorrência – Representa todas as ofertas e os substitutos rivais, reais e potenciais que um comprador possa considerar.

Ambiente de marketing – É formado pelo ambiente de tarefa e o ambiente geral. O ambiente de tarefa inclui os participantes envolvidos na produção, distribuição e promoção da oferta. Já o ambiente geral é formado pelos ambientes demográfico, econômico, natural (meio ambiente), tecnológico, político-legal e sociocultural.

Planejamento de marketing – Consiste em analisar oportunidades de marketing, selecionar mercados-alvo, projetar estratégias e processo de marketing e dos componentes da estratégia de marketing da empresa.

Por fim, antes de entrarmos no marketing educacional propriamente dito, é preciso elencar rapidamente as tarefas necessárias para uma administração de marketing bem-sucedida. São elas: o desenvolvimento de estratégias e planos de marketing, a conexão com os clientes, a construção de marcas fortes, o desenvolvimento das ofertas ao mercado, a entrega e a comunicação de valor, a captura de oportunidades de marketing e do desempenho e, por fim, a obtenção de um crescimento de longo prazo bem-sucedido.

10. O marketing aplicado a serviços

Embora já tenha sido abordado anteriormente, por ser a educação ou o ensino uma prestação de serviço, é conveniente estudarmos a definição de marketing aplicada a eles de forma mais detida. Veremos que esta definição é bem mais complexa do que aquela aplicada a bens tangíveis, por exemplo, pois os serviços têm características peculiares, dentre as quais separamos algumas dignas de destaque.

Intangibilidade

Podemos dizer que os serviços são intangíveis, ou seja, os serviços não podem ser vistos, sentidos ou testados antes da compra. Logicamente, estes possuem algumas variáveis tangíveis, concretas, as quais muitas vezes servem como suporte ou apoio auxiliar do Marketing na venda de um serviço ou produto. Essas características aplicam-se aos serviços prestados pelas instituições de ensino, com a dificuldade de que o futuro aluno (ou seus pais) somente poderá experimentá-los e deles formular um conceito bem depois do momento em que fez a sua escolha. Em se tratando de instituição de ensino, cujos resultados finais aparecem depois de um tempo, a avaliação final somente poderá ser definida após a conclusão do curso escolhido ou do ano estudado. Quanto aos aspectos tangíveis dessa prestação de serviços, pode-se destacar a infraestrutura da instituição de ensino, isto é, suas instalações, tais como suas salas de aulas, seus laboratórios e sua biblioteca. Esses fatores podem conferir certo grau de confiabilidade à escola, o que é útil no momento de conquista de um novo aluno, mas a boa infraestrutura também não garantirá ao candidato uma escolha segura, pois a prestação de serviços que será oferecida vai bem além dos seus primeiros contatos ou da sua primeira impressão.

Variabilidade

No quesito variabilidade, o serviço prestado pela escola ou instituição de ensino é considerado variável, porque o que se aprecia é a qualidade do ensino da escola, ou seja, a prestação deste serviço vai variar em função de quem o presta, assim como de quem o recebe, o cliente, no nosso caso, o aluno e/ou seus pais. Vale ressaltar que além da questão dos atores envolvidos, outros fatores também concorrem para determinação da qualidade de um serviço, tais como: quando, onde e como o serviço é executado. Até certo ponto, essa variabilidade pode ser considerada positiva, pois permite a customização e a adaptação aos desejos dos clientes. O lado negativo dessa característica é a dificuldade existente na padronização dos serviços executados. Para as instituições de ensino que precisam contar com uma quantidade muito grande de colaboradores para cumprir sua complexa missão, torna-se uma tarefa bastante árdua garantir que todo esse contingente envolvido prime sempre pela boa qualidade dos serviços. Outro ponto é que a prestação de serviços nas escolas ocorre durante um longo período de tempo, o que eleva sobremaneira a dificuldade de manter a sua prestação dentro do mesmo padrão, evitando-se deslizes.

Inseparabilidade

Quanto à separação, podemos dizer que os serviços são inseparáveis, ou seja, têm uma estreita ligação com o fator humano, isto é, os serviços não podem ser separados dos seus fornecedores e sua qualidade está estreitamente ligada a eles. Pensando no contexto educacional, uma aula dada por um professor jamais será idêntica a outra, ainda que ambas abordem o mesmo conteúdo.

Perecibilidade

A quarta característica dos serviços é a sua perecibilidade, isto é, o fato de que os serviços acontecem em determinado momento e, independentemente de serem ou não utilizados, não poderão ser estocados. Se um aluno perder uma aula, não há como repô-la de maneira idêntica àquela dada anteriormente, se pensarmos na aula como um evento único no sentido de interação, que ocorre a partir da relação de um docente com um grupo de alunos.

11. Marketing aplicado à educação

Vistos os preceitos iniciais do marketing e sua aplicação nos serviços, podemos agora nos aprofundar nas nuances do Marketing Educacional mais detalhadamente.

O marketing aplicado à educação é um conjunto de esforços com objetivo de promover a circulação de mercadorias, fortalecendo o produto educacional. Mesmo com a adoção de funções gerenciais como finanças, planejamento e relações públicas, alguns administradores educacionais ainda são céticos em relação ao marketing. Ainda há algumas pessoas ligadas à área educacional que abominam a ideia do marketing, afirmando que é incompatível com a missão educacional, passando a questionar a utilidade e adequação do marketing à educação. Porém, como função gerencial, como veremos a seguir, o marketing colabora com a missão educacional ao aumentar a satisfação dos seus mercados-alvo.

O marketing nas instituições educacionais não serve apenas para atrair seus clientes, os alunos, como também para retê-los, conquistando sua fidelidade. A função do marketing dentro das escolas é entender, criar e gerenciar as necessidades dos alunos, bem como a de seus pais, e também manter comunicação eficiente com seu público e divulgar o trabalho da escola.

Marketing educacional é, por assim dizer, o esforço de posicionamento/comunicação desenvolvido por instituições de ensino (colégios, universidades, faculdades, entidades representativas dessas instituições etc.) junto aos usuários de seus produtos e serviços (estudantes, professores ou profissionais), ou a grupos sociais determinados, ou, ainda, à própria comunidade.

Quando se pensa no contexto universitário, torna-se muito fácil perceber essa questão: o marketing é praticado fundamentalmente pelos professores e seus alunos. A interação maior em todo esse processo ocorre mesmo dentro das salas de aula, no contato alunos-docentes. É aí que a comunicação ganha sua maior força. A competência do professor em conduzir seus alunos fará toda a diferença. O interesse do aluno por determinada aula, ou melhor, por determinado docente, proporciona-lhe a tão desejada satisfação, objetivo fundamental das atividades do marketing. O aluno, por sua vez, é o maior agente do marketing de uma instituição de ensino e corrobora a consolidação de um conceito bastante difundido no meio empresarial: um cliente satisfeito leva a sua satisfação a apenas algumas pessoas, às vezes nem mesmo o faz; porém, um cliente aborrecido com uma empresa irá divulgar a sua insatisfação para, ao menos, dez pessoas.

Há pouco tempo é que o marketing educacional abandonou a antiga visão de algo desnecessário ou de pouca importância e tornou-se essencial, sendo implantado ou profissionalizado.

O marketing antigamente não era considerado importante para as instituições de ensino, mas as mudanças do cenário educacional fizeram com que as instituições o praticassem. O sucesso do marketing de uma instituição educacional depende da satisfação das necessidades, desejos e demandas. O serviço educacional pode ser entendido como um desempenho oferecido por uma parte a outra. O desempenho é essencialmente intangível. Os serviços educacionais são atividades econômicas que criam valor e fornecem benefícios para os alunos entendidos como clientes e para as empresas que os empregam. No caso do serviço educacional, os produtos são os cursos e as diversas modalidades oferecidas pelas instituições. O marketing habilidoso para instituições de ensino determina que a instituição conheça as necessidades e os desejos de mercados-alvo e satisfaça-os por meio de projetos, comunicação, serviços apropriados e viáveis. Essa satisfação é de vital importância, pois o contrário pode fazer com que as instituições sejam esquecidas. Entretanto, para a satisfação de mercados-alvo, não significa fornecer qualquer programa e, sim, tornar mais atraentes as ofertas para os consumidores interessados. Em longo prazo, a instituição deve assegurar as necessidades

dos clientes, pois um aluno não está interessado somente em um diploma, mas também no domínio real de informações e habilidades que justifiquem essa conquista, além, é claro, das necessidades da sociedade, que esperam pessoas preparadas para serem produtivas e que assumam responsabilidades.

12. Miopia em marketing educacional

Um dos erros mais comuns em marketing educacional é dedicar atenção excessiva ao produto, ignorando o mercado competitivo no qual a empresa está inserida. É fundamental oferecer produtos de alta qualidade, mas entendendo o que vem a ser qualidade sob o ponto de vista do consumidor, acompanhando o que a concorrência está fazendo, os benefícios de seus produtos e seus pontos fortes e fracos. Ignorar o mercado concorrencial é um grande equívoco cometido por muitas escolas que acreditam que sua tradição é suficiente para garantir a manutenção de seu sucesso: o surgimento de novas escolas vem comprometendo a performance de instituições que eram tidas como referência. A postura de muitos gestores educacionais, centrados em torno de suas próprias instituições, a postura autocentrada dessas instituições, ignorando o consumidor e o mercado concorrencial, é chamada de miopia em marketing.

13. Preço

Ainda que mencionado como um dos compostos de marketing, ou um dos 4Ps de marketing, o termo Preço não foi tratado pormenorizadamente nos conceitos iniciais de marketing, e é necessário discorrermos sobre ele, por se tratar de um ponto importante para o sucesso das empresas em geral e também das instituições de ensino. Afinal de contas, um produto com um preço errado pode arruinar um negócio pela falta de vendas ou pela falta de lucratividade. Os pensamentos mais iniciais sobre preços se dão a partir dos custos de produção das empresas e, não raro, gestores definem seus preços baseados nos custos de fabricação. Outros se baseiam em um critério bastante singular: o quanto querem ganhar. São critérios muito lógicos e instigantes. Se a partir dos custos definirmos que queremos ter 50% de lucro e isso puder ser efetivado, será muito bom! Porém, o cotidiano não nos permite decisões tão triviais. Definir preços é uma atividade complexa, pois o consumidor inevitavelmente fará uma comparação entre os preços de vários produtos similares ou entre aqueles que, no seu entendimento, são parecidos. A partir dessa comparação, o consumidor pode não concordar com o valor definido pelas empresas em relação aos benefícios que entende receber na compra de um produto, sejam benefícios absolutos, sejam relativos. No setor de educação, a fixação de preços pode se dar a partir da delimitação do mercado concorrencial e da análise dos benefícios oferecidos por este sob ótica do mercado-alvo, que no caso são os possíveis alunos. Isso pode ser feito por meio de pesquisa. A partir daí, é possível ter uma noção de quanto é possível cobrar frente aos benefícios absolutos e relativos que são oferecidos. Benefícios absolutos são aqueles percebidos em determinado produto quando avaliado isoladamente, e benefícios relativos são aqueles apresentados por um produto em comparação com outros.

Outra análise interessante é a produção de um comparativo entre a renda média dos alunos das instituições concorrentes e as mensalidades cobradas por estas. Surgirá então a informação de quais instituições de ensino conseguem cobrar uma parcela maior da renda de seus alunos, bem como possíveis diferenças de potencial financeiro entre os alunos das escolas estudadas. É preciso abordar uma questão intrigante aqui: por que algumas instituições conseguem efetivamente cobrar mensalidades mais altas? Certamente não é unicamente porque seus gestores assim desejam. Estas são escolas premium, isto é, que conseguem se destacar da concorrência em relação à imagem que possuem e aos benefícios relativos percebidos pelo mercado.

14. Custos

Outra consideração a ser observada é sobre o preço como um dos custos que os alunos pagam para estudar. Muitos gestores educacionais não entendem por que oferecem a mesma mensalidade que outras instituições e atraem menos alunos. A resposta pode estar em questões como custos de tempo e custos sensoriais elevados, ou seja, os possíveis alunos entendem que, apesar de o preço ser igual, eles terão de caminhar mais quadras para chegar à escola, o que consiste em um custo de tempo. Ou então que correm o risco de não contar com bons professores ou infraestrutura, o que representa um custo sensorial. Assim, custos além dos monetários são avaliados por possíveis alunos e pais durante o processo de escolha.

15. Praça

Outro composto de marketing, participante dos 4Ps, a Praça representa a localização ideal para uma instituição de ensino ou o mercado geográfico ideal para um sistema de ensino ou uma metodologia de ensino. Antes do aumento da concorrência, era compreensível que os alunos e suas famílias se dispusessem a enfrentar algum deslocamento até as escolas. A realidade hoje é diferente: as instituições de ensino devem entender onde se encontra seu mercado-alvo e devem tentar fixar-se em uma região que lhes seja conveniente.

Essa regra tem exceção: os alunos de instituições de ensino consagradas por atributos qualitativos fortes não encaram grandes deslocamentos ou altos custos relativos como barreiras para terem acesso a elas. Tais instituições são reconhecidas como as melhores no segmento em que atuam, possuindo uma forte imagem de marca e boa aceitação social. Essas escolas focam suas escolhas de marketing em outros atributos que não os de conveniência, mas sim nos atributos qualitativos. Atributos de conveniência são os relacionados à localização, preço e duração do curso, entre outros. Já os atributos qualitativos representam a imagem e a qualidade dos cursos que a instituição disponibiliza a seus alunos, sua metodologia, seu corpo docente e sua infraestrutura, somados à sua reputação junto à comunidade na qual está inserida ou mesmo em relação à sociedade em geral, como é o caso de escolas como a Harvard, nos Estados Unidos da América, reconhecida em todo o mundo.

No entanto, nem todas as escolas são conhecidas por oferecerem serviços de qualidade superior diferenciada, pelo contrário, a maior parte é percebida de forma muito semelhante por alunos, por pais ou por influenciadores de suas decisões. Essas escolas não diferem das demais opções existentes, sendo escolhidas mediante uma análise baseada em atributos de conveniência.

É fundamental que os gestores educacionais entendam qual a posição ocupada por sua escola: somente a partir dessa compreensão, os gestores serão capazes de entender como os possíveis alunos, ou seus pais, veem essa instituição, quais atributos avaliarão em uma possível escolha e quão importante será a localização da escola nesse rol de atributos considerados. Essa avaliação também se propõe para itens como produto e preço, bem como para a compreensão do valor da instituição para os alunos e da abordagem de promoção correta para cada proposta de valor.

Especificamente tratando do nosso caso, escolas que ofertam cursos totalmente a distância não precisam se preocupar com sua localização, pois os alunos não terão de se deslocar até suas instalações para assistir às aulas. Nesse caso, as metodologias e mídias escolhidas para a condução do processo de ensino-aprendizagem é que constituem os canais de acesso do aluno aos cursos. É fundamental, portanto, uma análise crítica sobre essas metodologias e mídias na busca do entendimento de quão adequadas são à realidade dos alunos e como eles as percebem.

16. Promoção

Outro composto de marketing integrante dos 4Ps, essa expressão diz respeito a todos os esforços das escolas para divulgarem a si mesmas e a seus cursos com o objetivo de persuadir candidatos e transformá-los em alunos. Atualmente, convivemos com um volume de comunicação educacional nunca visto antes. São inúmeros os eventos, comerciais nas mais variadas mídias, divulgando instituições de ensino de todos os níveis e seus processos seletivos. Em marketing, as atividades de promoção congregam todos os esforços em publicidade e propaganda, promoção de vendas e relações públicas. (Publicidade e propaganda é a área da comunicação social especializada em criar e inserir, por meio da compra de espaços, mensagens em veículos como canais de televisão, emissoras de rádio e jornais impressos ou virtuais. Tais espaços são comercializados em unidade de tempo em alguns tipos de veículos e espaço físico em outros. Promoção de vendas são atividades realizadas com o objetivo de ofertar ao público uma condição comercial diferenciada de curto prazo. Na área educacional, alguns exemplos são descontos em matrículas em períodos específicos, cartas de desconto oferecidas a formadores de opinião para que eles indiquem alunos e bolsas aos primeiros alunos aprovados em vestibulares. As relações públicas são uma área da comunicação social cujo objetivo é o desenvolvimento de relações favoráveis com os diversos **stakeholders** de uma empresa para a construção ou a manutenção de uma imagem de marca favorável. As escolas utilizam diversas ferramentas de relações públicas, como cartas, eventos, envio de **releases** para a imprensa, destacando feitos positivos da instituição e lançamento de cursos).

Note-se, porém, que um excesso de promoção pode gerar efeitos negativos. A promoção é somente uma parte do marketing educacional, embora seja comum gestores educacionais se referirem aos departamentos de comunicação de suas escolas como sendo seus departamentos de marketing. Comunicação é uma parte importante e visível do marketing, mas ele não se resume às atividades de comunicação, como já foi amplamente discutido no início desta Unidade. Avaliações sobre quais cursos lançar, qual mensalidade cobrar e em que mercados atuar se antecipam ao processo de comunicação e geram **guidelines** para que ele se concretize de forma a comunicar atributos relevantes para o público-alvo, a fim de atender às suas necessidades, gerar valor e motivar o ingresso na instituição. Assim, é importante que o marketing educacional seja visto como uma poderosa ferramenta para aumentar a eficiência e a eficácia das instituições de ensino, elevando a percepção de qualidade de seus alunos e sua reputação junto à sociedade como um todo. Uma escola orientada para o marketing não é uma escola mercantilista ou menos acadêmica que outras. É, sim, uma escola voltada para a melhoria contínua de seus processos e decisões, de forma a se perpetuar a partir de um trabalho sério.

Glossário – Unidade 1

Bens intangíveis – Bens que não podem ser percebidos pelos sentidos, como os serviços.

Bens tangíveis – Bens cujas características podem ser fisicamente percebidas por meio de visão, audição, tato, paladar ou olfato.

Canais comerciais – Conjunto de organizações interdependentes envolvidas no processo de disponibilizar um produto ou serviço para uso ou consumo.

Canais de distribuição – Tipos de estabelecimento com o mesmo perfil, cujo objetivo é o suprimento ou abastecimento de determinado produto ao consumidor final.

Cliente prospect – Consumidor provável, aquele que tem o poder de compra.

Fundraisers – Profissionais especializados na captação de recursos.

Guidelines – Parâmetros, diretrizes.

Modelos de negócios – Descrição da lógica de como uma organização cria, distribui e captura valor.

Oferta de mercado – Quantidade de determinado bem ou serviço que os produtores e vendedores desejam vender em determinado período.

Parceiros de marketing – Canais, fornecedores, distribuidores, revendedores.

Proposta de valor – Projeção do que a empresa deseja fazer doravante para preservar a sua competitividade no mercado, pautada no cálculo do Valor Percebido pelo Mercado.

Releases – Noticiário em forma de matéria jornalística de interesse do cliente, distribuído à imprensa.

Stakeholders – Qualquer pessoa ou organização que tenha interesse, ou seja, que tenha sido afetado pelo projeto.

UNIDADE 2
MARKETING EDUCACIONAL E PLANEJAMENTO

Capítulo 1 Estratégias de marketing educacional – como as escolas podem captar e reter alunos, 35

Capítulo 2 As duas etapas do planejamento estratégico, 35

Capítulo 3 Planejamento estratégico: primeira etapa, 36

Capítulo 4 Demanda, 36

Capítulo 5 Concorrência, 36

Capítulo 6 Novos serviços, 37

Capítulo 7 Expansão geográfica, 37

Capítulo 8 Serviços modificados, 38

Capítulo 9 Prestação de serviço para empresas para qualificação de mão de obra, 38

Capítulo 10 Diversificação do negócio, 38

Capítulo 11 Marketing de relacionamento educacional, 38

Capítulo 12 A prestação de serviço de qualidade, 39

Capítulo 13 Evasão escolar, 40

Capítulo 14 Inadimplência, 41

Capítulo 15 Planejamento estratégico: segunda etapa, 42

Capítulo 16 Produtividade e qualidade, 45

Capítulo 17 Pessoas, 46

Capítulo 18 Promoção e educação, 47

Capítulo 19 Evidência física, 48

Capítulo 20 Preços e outros custos do serviço, 48

Capítulo 21 Marketing educacional nas instituições de ensino superior, 49

Capítulo 22 Avaliação ambiental, 49

Capítulo 23 Avaliação de recursos, 50

Capítulo 24 Definição de meta, 50

Capítulo 25 Objetivos, 51

Capítulo 26 Implementação de estratégia, 51

Capítulo 27 Proposta organizacional, 51

Capítulo 28 Plano de sistemas, 51

Capítulo 29 Análise do mercado educacional, 52

Capítulo 30 Conhecendo os consumidores, 53

Capítulo 31 Posição dos serviços educacionais, 54

Glossário, 55

1. Estratégias de marketing educacional: como as escolas podem captar e reter alunos

O elemento central no processo de administração de marketing são estratégias e planos que possam guiar as atividades próprias desse processo. Conceber e praticar a estratégia de marketing mais acertada no longo prazo exige disciplina e flexibilidade. As instituições de ensino precisam ter uma estratégia e estar dispostas a aprimorá-la constantemente. Essa estratégia de marketing é representada pela escolha de um mercado-alvo, pela seleção da posição competitiva e pelo desenvolvimento de um composto de marketing eficaz para atingir e servir o mercado escolhido, não só conquistando novos alunos-clientes, mas, também, retendo os atuais.

Neste sentido, a estratégia de marketing representa o esforço das instituições para atingir seus objetivos. A estratégia de marketing foca a vantagem competitiva no longo prazo e está baseada na análise dos clientes, dos concorrentes e de outras forças ambientais, que podem ser combinadas com dados de outros departamentos, formando uma estratégia integrada.

O planejamento estratégico deve estar em primeiro lugar nas instituições de ensino. Planejar é querer alcançar um objetivo, definindo as formas de alcançá-lo. A base do planejamento estratégico são os objetivos traçados, pois possibilita a visualização das ameaças e oportunidades dos ambientes. Envolve identificar a missão da instituição, avaliar seus recursos e examinar o ambiente para determinar quais devem ser suas prioridades e estratégias. O planejamento é resultado de uma visão estratégica formada pela instituição e por percepções decorrentes de experiências e julgamentos do gestor desta, o que proporciona o senso de direção. A estratégia existe na mente do educador estrategista como uma visão dos negócios.

A formulação de estratégias decorre do processo de planejamento das Instituições de Ensino e pode começar com a finalidade socioeconômica fundamental da instituição, em termos da sua missão, e termina com a definição de programas e projetos. Com base em uma verificação do ambiente constituído de concorrentes atuais e potenciais, a ideia do planejamento é defender os negócios da instituição de ensino orientando o seu posicionamento estratégico que, por sua vez, orienta a estrutura organizacional e o funcionamento da escola. O processo de planejamento de marketing consiste em analisar oportunidades de marketing, selecionar mercados-alvo, projetar estratégias, desenvolver programas e gerenciar o esforço de marketing. É o planejamento estratégico que orienta as instituições no mercado.

2. As duas etapas do planejamento estratégico

O planejamento estratégico é dividido em duas fases: a primeira delas diz respeito a todas as questões estratégicas e estabelece os mercados-alvo e a proposta de valor que será oferecida, com base na análise das melhores opções de mercado. Essa primeira fase se subdivide em duas outras etapas que serão vistas a seguir. A segunda fase do planejamento estratégico é a parte tática que especifica todas as táticas de marketing como características do serviço, promoção e determinação do preço.

3. Planejamento estratégico: primeira etapa

O planejamento estratégico de marketing pode ser dividido em duas etapas: na primeira delas, é preciso identificar e selecionar os mercados e procurar desenvolver produtos e serviços para o mercado-alvo. Durante esta fase, a maior parte do tempo é investida na construção da demanda.

4. Demanda

A construção da demanda pode ser dividida em três segmentos:

a) obtenção de clientes;

b) manutenção de clientes;

c) relacionamento com clientes.

Considerando que possam existir, dentre os mercados-alvo, três setores de mercado, como os já existentes, os modificados e os novos, para cada um deles é necessária uma ação diferente em termos de serviços.

Nos mercados-alvo já existentes, uma das estratégias para a construção de demanda é a de penetração de mercado utilizando os serviços já existentes, objetivando o aumento do número de alunos novos na escola. Essa estratégia também pode ser chamada de crescimento da participação do mercado. Em um mercado maduro, cada instituição de ensino já tem sua participação em matrículas. Então, para que haja um crescimento nesse mercado, é preciso realizar ações que façam com que a concorrência perca esta participação já consolidada.

5. Concorrência

Um dos pontos importantes a serem considerados na escolha de uma estratégia de marketing é o conhecimento da concorrência, bem como seus pontos fortes e também suas fragilidades. A análise da concorrência leva a um aprofundamento do conhecimento de sua própria instituição de ensino. Saber quem são seus concorrentes, e até que ponto eles podem fazer frente à escola, é uma das ferramentas básicas do marketing.

Uma das poucas alternativas de ações para inibir ou diminuir o crescimento da concorrência é a já conhecida guerra de preços causada pelas campanhas de matrículas. Essa ação pode representar um risco se não for levada em consideração a capacidade de atendimento ao aumento da demanda ou, ainda, a aptidão do mercado para aceitar tal ação de marketing.

Antes de colocar em prática esta estratégia, é preciso estudar o mercado-alvo, buscando verificar o sucesso do planejamento e, além disso, estudar a **geografia do mercado** para descobrir se há saturação da área, dosando, assim, a intensidade das ações de marketing.

A penetração de mercado também pode se dar de outra forma, como nas fusões de instituições de ensino ou, ainda, nas aquisições de uma instituição por outra. É função do planejamento estratégico de marketing buscar opções para essa penetração e esse crescimento.

6. Novos serviços

Uma estratégia para crescimento nos mercados-alvo é o desenvolvimento de novos serviços. Isso se dá quando a escola avalia a possibilidade de haver outras necessidades para alunos e pais, como ensino esportivo, ensino de língua estrangeira, artes marciais, além de se avaliar a possibilidade de oferecimento de novos níveis de ensino, o que vem se demonstrando uma tendência no setor.

7. Expansão geográfica

A modificação de mercado pode se dar quando a instituição de ensino resolve expandir geograficamente seus serviços. O risco da operação é baixo porque os serviços prestados serão os mesmos. O objetivo da modificação é buscar mercados com características semelhantes ao já atendido pela instituição de ensino. Mais uma vez, essa opção estratégica de marketing para demanda requer um profundo conhecimento da geografia de mercado.

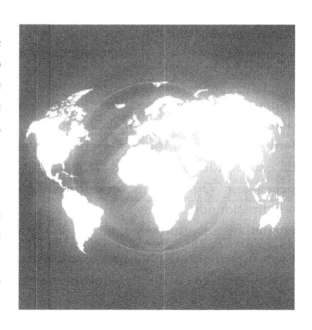

8. Serviços modificados

O desenvolvimento de novos serviços para oferta, não para os alunos da instituição, mas para outras instituições de ensino, para a concorrência. É o caso do desenvolvimento de sistemas de ensino e do oferecimento desse serviço para outras escolas. É uma opção estratégica que tem dado muito certo e tem se mostrado uma excelente alternativa às franquias.

9. Prestação de serviço para empresas para qualificação de mão de obra

Este tipo de prestação de serviço tem se mostrado uma tendência no segmento escolar, sobretudo no ensino fundamental. A escola firma convênio com a empresa ou empresas e qualifica sua mão de obra já existente ou prepara a futura mão de obra.

10. Diversificação do negócio

Nesta opção de planejamento estratégico para criação de demanda há a busca de novos mercados com novos produtos e serviços, como indústria gráfica, editora, indústria de bens de informática, hotelaria etc., reduzindo, assim, o risco da atuação em somente uma atividade.

11. Marketing de relacionamento educacional

Com a estratégia de demanda já definida, é necessário aprofundar o relacionamento com os clientes, tarefa do marketing de relacionamento. O marketing de relacionamento é o ponto central do marketing educacional, pois representa uma **vantagem competitiva**, além de ser importante na contribuição para a diminuição de dois grandes problemas que assolam as instituições de ensino: a evasão escolar e a inadimplência. Esses dois conceitos serão abordados mais à frente.

O marketing de relacionamento educacional foca a conquista de novos alunos, potencializando a sua captação por meio de manutenção, retenção e fidelização. Para implementá-lo bastam apenas planejamento e mudanças na organização da escola, identificando as falhas nos processos e reconfigurando-os conforme necessário. Obviamente, essa mudança deve partir do alto comando escolar e ser direcionado a todas as equipes multidisciplinares e setores da instituição de ensino, objetivando a satisfação do aluno.

Essa reconfiguração de processos operacionais e produtivos leva à redução de custos, simplificação de tarefas desnecessárias e melhoria na performance da organização. Se todas as mudanças não puderem se dar de uma só vez, e nem é preciso, podem ser eleitas as áreas prioritárias, que são aquelas que envolvem o contato com o aluno. Em segundo lugar devem vir as atividades de suporte. O período de relacionamento com o aluno desde o primeiro contato, a **prospecção**, até o final, a matrícula e retenção do cliente, devem, também, ser observados. Se esse planejamento for bem-sucedido, o aluno torna-se uma fonte de referência para a escola.

Para que o marketing de relacionamento educacional seja efetivo, deve haver uma espécie de filosofia que precisa estar enraizada em toda a instituição de ensino dando conta de que esta é orientada para o mercado. Essa filosofia pode ser traduzida nos seguintes valores:

a) todos os envolvidos na relação instituição/aluno, exceto este, são responsáveis pela satisfação do cliente;

b) cada colaborador nesta relação (professores, diretores, coordenadores e demais funcionários) deve saber qual sua parcela de responsabilidade na prestação do serviço educacional;

c) deve ser incentivado um espírito de cooperação, criação de valores e vínculos entre os colaboradores e a instituição de ensino;

d) o princípio da **fidelização** precisa ser absorvido por meio de parcerias e relacionamentos duradouros entre os colaboradores e os alunos;

e) a escola deve preservar os dados históricos a respeito dos alunos e transformá-los em informações. Esses dados também são úteis para se identificar as necessidades dos alunos e o aperfeiçoamento dos processos; e

f) os mais variados canais de comunicação devem estar à disposição de todos os envolvidos nesse relacionamento.

Com relação a este último valor, é de suma importância que se dê voz ao aluno, uma vez que ele tem capacidade para influenciar as alterações dos processos, pois quem reclama e tem suas solicitações atendidas, geralmente, torna-se leal à instituição. A opinião do aluno geralmente chega à instituição em forma de elogio, crítica ou sugestão.

12. A prestação de serviço de qualidade

A prestação de serviço de qualidade, outrora uma vantagem competitiva, é essencial para melhorar o produto final na ponta do processo e traz diversos benefícios para a instituição de ensino, tais como, a melhoria da imagem da escola e sua consequente recomendação por alunos, ex-alunos e pais, aumentando a captação de novos alunos e a penetração da instituição de ensino no mercado; a manutenção do preço em razão de outras vantagens inseridas nos pacotes de benefícios, diminuindo o impacto da guerra de preços com outras escolas; e o aumento da fidelidade entre os diversos sujeitos do relacionamento escolar, quais sejam, colaboradores e alunos.

Alguns itens passam por constante avaliação e por isso precisam ser observados e melhorados continuamente, quais sejam:

a) formação e didática do professor, na busca pela qualificação necessária e pela postura ética profissional;

b) atitude e comportamento de todos os colaboradores da instituição na solução de problemas;

c) estrutura física e operacional e facilidade de acesso que tornem a escola ideal para os alunos;

d) confiança de que o produto ou serviço comprado será entregue, ou seja, o conteúdo programático, aulas, ano letivo, serão cumpridos conforme o que foi contratado; e

e) resolução rápida e proativa de problemas imprevisíveis, colaborando para a melhoria da imagem da instituição junto aos alunos.

O constante aprimoramento dos itens anteriores acaba por fazer que o fator preço deixe de ser a variável mais importante a ser observada no processo de escolha de uma escola. Todavia, esse fator sempre será levado em conta, seja em maior ou em menor grau de importância.

Dessa forma, o ideal é praticar políticas de **preço de mercado**, buscando ajustar os custos a partir da otimização dos processos e aumentar a qualidade percebida pelos alunos por meio de toda uma infraestrutura que possa encantá-los, como cantina adequada, limpeza e higiene de todas as instalações da instituição de ensino, informatização de acesso às informações pelos alunos, oferecimento de cursos e atividades esportivas extracurriculares e outros benefícios. A excelência no atendimento faz que o aluno passe a gostar de onde estuda, tornando-o leal à instituição, além de fazer o aluno utilizar outros serviços além da aula regular.

13. Evasão escolar

Como já foi dito anteriormente, o marketing educacional é importante na contribuição para a diminuição de um dos grandes problemas que assolam as instituições de ensino: a evasão escolar. A evasão escolar é a saída definitiva do curso de origem sem a sua conclusão. Alguns fatores determinantes na evasão, notadamente no que diz respeito às instituições de nível superior, podem ser: o nível socioeconômico do aluno, pois a necessidade de trabalhar faz que este desista do curso escolhido, ou ainda a má escolha do curso e a falta de preparo básico na formação do ensino médio. As aulas em tempo integral podem impedir, também, que o aluno do ensino superior se dedique a outras atividades, assim como a metodologia das aulas teóricas também podem ser fatores que provoquem a evasão escolar. Com relação ao mercado de trabalho, uma **empregabilidade** maior se dá entre os formados bacharéis, em detrimento dos que concluem licenciatura, provocando a evasão em cursos dessa natureza. As carreiras mais famosas também atraem mais alunos, causando evasão nas demais.

Com relação às instituições de todos os segmentos de ensino, o baixo relacionamento entre professor e aluno, a falta de treinamento e qualificação do docente e o uso constante de professores substitutos, além da baixa dedicação de todos os envolvidos no processo de ensinar fazem que haja uma evasão escolar não só nas instituições de ensino superior, mas também nas de ensino fundamental e médio e nas de educação infantil.

O marketing de relacionamento não resolve o problema, mas atenua, em longo prazo, os índices de evasão.

14. Inadimplência

Outro problema que pode ser diminuído com o marketing de relacionamento nas instituições de ensino é a inadimplência. Principalmente nas instituições de ensino superior, esse problema se mostra um grande gerador de crise no setor, uma vez que a cada ano mais e mais instituições são abertas com a democratização do ensino, que antes ficava mais restrito às classes de maior renda.

As principais causas de inadimplência são o aumento da concorrência, a guerra de preços e os erros de gestão. Para que a inadimplência não ocorra, ou pelo menos não cresça e até diminua, as instituições precisam se adequar à Lei n. 9.870/99 que proíbe que escolas tomem qualquer atitude com relação a alunos devedores, inclusive sendo vetado às instituições o impedimento da rematrícula dos alunos, a assistência às aulas, a realização de provas ou os empréstimos de livros em bibliotecas.

Um grave problema de inadimplência em uma suposta instituição, que gere atraso em pagamentos, tanto de funcionários em geral quanto de professores, causa uma insatisfação generalizada, além de abalos psicológicos. Uma solução para esse problema poderia ser a redução de custos operacionais (como a demissão de funcionários, por exemplo), a realização de investimentos na área responsável pela cobrança, o que pode incluir a flexibilização de regras de renegociação de dívidas.

Sob a visão do marketing de relacionamento, foi realizada uma série de ações táticas de marketing de relacionamento para identificação das necessidades dos alunos em relação às suas condições financeiras.

No caso de inadimplência, assim como de evasão escolar, o marketing de relacionamento não propõe a resolução do problema, mas sim a adoção de medidas de curto, médio e longo prazos que reduzam o índice de devedores.

15. Planejamento estratégico: segunda etapa

Tendo em vista que a estratégia de criação da demanda já foi definida e o marketing de relacionamento foi aplicado visando o aprofundamento da relação com o aluno e/ou pais, é necessário desenvolver a proposta de valor e a construção da marca da instituição de ensino. Para o desenvolvimento da proposta de valor, é preciso a escolha de uma posição ampla, específica e de valor para o serviço. Para a construção da marca, é preciso que se escolha um nome atrelado a promessas firmes e que se administrem os contatos dos alunos com a marca, no sentido que a atendam ou superem as expectativas geradas em relação a ela. Assim temos:

a) Proposta de valor

A adesão a uma posição ampla para o serviço favorece a tomada de decisões e o desdobramento de ações conjuntas. Algumas opções de posição ampla podem ser: a liderança no custo, quando as instituições buscam otimizar seus custos a fim de obter um preço final mais vantajoso, embora essa estratégia não funcione muito entre os clientes das escolas de ensino fundamental e médio, pois buscam qualidade em detrimento de custos; a diferenciação ou singularidade da escola, com atributos considerados importantes para pais e alunos, como escolas com viés religioso ou bilíngues, ou que tenham relacionamento estreito com outro país; e o foco em uma estratégia estreita, em detrimento de estratégias amplas da concorrência.

Com a aplicação dessa estratégia, a instituição consegue a diferenciação por entender melhor os consumidores e, consequentemente, a redução de custos. Pronto, estão aí entrelaçadas as três estratégias para a posição ampla. Aliás, estas estratégias se baseiam em dois tipos triviais de vantagem competitiva: baixo custo e diferenciação.

A posição específica é usada para comunicar um privilégio ou uma razão objetiva para a escolha da instituição de ensino, como a melhor qualidade, o melhor índice de aprovação nos vestibulares e no ENEM, maior segurança, o maior prestígio, o melhor valor pelo preço pago, a melhor conveniência.

Já a posição de valor tem como meta ajudar os pais e alunos na avaliação de valor da mensalidade. Para que a proposta total de valor seja desenvolvida, é preciso perceber como os pais e alunos avaliam a escolha da instituição de ensino, sendo necessário realizar uma pesquisa de mercado.

b) Marca

A criação de uma marca facilita o desenvolvimento de ações táticas, como a criação de uma metodologia que justifique uma posição de valor pela criação de critérios de valor a partir de pesquisa específica na **microrregião**. A marca ajuda a criar um espaço na mente dos pais e alunos e reúne todo o esforço de criação de valor e sua posição. Mas a marca também pode atrapalhar, pois qualquer ação negativa será ligada a ela.

A marca termina por ser um grande instrumento de trabalho na diminuição da intangibilidade dos serviços, pois permite custos de marketing menores, facilidade na atração e menor tempo de reação às ameaças dos concorrentes, casos que só ocorrem quando a marca atinge um nível suficiente de clientes leais e de conhecimento.

c) Planejamento tático

Também chamado de marketing tático, é nesta fase do planejamento de marketing que a escola realiza a implantação de seu plano de marketing, quando todas as questões estratégicas já foram definidas na primeira fase do planejamento.

O plano de marketing é o documento que define por escrito o planejamento estratégico, estabelecendo os objetivos da organização referentes a um próximo período de atividades. Ele define programas de ação necessários ao atendimento desses objetivos. No caso das Instituições de Ensino Superior, o plano de marketing é um documento que contém a análise dos principais enfoques do mercado a ser atendido e as estratégias de marketing que devem ser adotadas visando ao aperfeiçoamento de seu desempenho organizacional. Deve ser utilizada uma linguagem simples, com informações objetivas e claras na formação do plano.

No marketing de bens de consumo, usa-se o composto de marketing, ou os 4Ps de marketing já estudados na Unidade 1, para se realizar as ações táticas. Como a educação é um serviço que possui características específicas (intangibilidade, inseparabilidade e variabilidade, todos já vistos na Unidade 1), o marketing tático se torna mais complexo e, a partir do composto de marketing original que contém quatro especificações, podemos chegar a oito especificações para o caso de ensino que são:

elementos do produto; lugar, tempo e modo; processo; produtividade e qualidade; pessoas; promoção e educação; evidência física; preços e outros custos do serviço.

A observação desses grupos é essencial na parte tática do marketing educacional. Deve ser levado em consideração também o objetivo da escola, se é captar ou reter alunos. A retenção é o objetivo mais importante e tem algumas ações especifica para esse fim. A captação de alunos ocorre em períodos específicos do ano.Em todos os casos, quer seja retenção ou captação de alunos, o planejamento tático deve ser claro, objetivo e com metas realistas de curto, médio e longo prazo.

d) Elementos do produto

Neste grupo estão elencadas todas as partes da prestação do serviço que geram valor para o cliente, ou seja, o pacote de serviços prestados, que pode ser formado pelo serviço mínimo exigido por lei a ser prestado e atividades e serviços suplementares. A Lei de Diretrizes e Bases da Educação e o Plano Nacional de Educação (Lei n. 9.394/96) estabelecem e detalham os serviços básicos a serem prestados, notadamente pelas escolas de ensino fundamental e médio.

A escola deve preparar uma proposta pedagógica bem definida e divulgá-la de forma bem clara aos pais. Além disso, as escolas de ensino médio enfrentam o desafio de preparar seus alunos para vestibulares e ENEM e muitas escolas deixam isso bem claro como objetivo. Preparam cadernos, apostilas e outros itens que permitem tangenciar o produto oferecido, mas não podem se esquecer de que o verdadeiro produto ou serviço oferecido pela escola deve ser o conhecimento ao aluno.

Além do plano pedagógico, item básico que deve ser oferecido, várias escolas têm se disposto a oferecer outros itens, como apoio psicológico e orientação educacional, que são muito bem aceitos pelos pais, uma vez que esse trabalho não pode ser assumido pelo professor em razão de sua carga de trabalho. Alunos com dificuldade de aprendizado, nestes casos, seriam contemplados por esses serviços extra oferecidos pelas instituições de ensino.

e) Lugar, tempo e modo

Outro grupo a ser considerado no marketing tático é o lugar, o tempo e como se entregam os serviços aos clientes. Com relação especificamente às escolas de ensino fundamental e médio, os serviços prestados são de alto contato, pois os alunos estão sempre no ambiente escolar e esse aspecto deve ser levado em conta no planejamento do serviço, para que cada encontro entre aluno e instituição de ensino cause a maior satisfação possível. Com relação ao lugar, ou localização, é importante considerar todas as características da **microrregião** onde a escola se encontra e como influenciam o serviço prestado na perspectiva do cliente.

Exemplo: algumas escolas de orientação construtivista preparam todo o ambiente de forma especial, com hortas feitas pelos próprios alunos, e outras instituições de ensino têm espaços específicos fora do ambiente escolar tradicional para proporcionar ao aluno o encontro com a natureza.

f) Processo

Divide-se em processo administrativo – gestão do negócio e o processo de ensino-aprendizagem, que é a soma das ações que o aluno realiza sob a responsabilidade do professor para alcançar as metas pedagógicas propostas. O processo de ensino-aprendizagem ocorre de várias formas: presencial, não presencial (EaD – Ensino a Distância) e misto, quando ocorrem as aulas presenciais e não presenciais.

O processo administrativo ocupa-se da gestão financeira e mercadológica de pessoas e do relacionamento com o Estado (Governo). Os núcleos do processo administrativo devem estar unidos sob um mesmo plano que dê coerência e uniformidade às ações.

16. Produtividade e qualidade

O grau de eficácia com que os elementos do serviço são transformados em produtos que trazem valor para o cliente e a produtividade e a qualidade é o quanto um serviço satisfaz os clientes ao atender suas demandas.

A produtividade está mais ligada à área financeira do negócio escola, pois se relaciona a uma estrutura de custos e de utilização de ativos mais adequadas,

atendendo às expectativas dos investidores. Ligar a produtividade à qualidade do serviço prestado é interessante para que as decisões sobre produtividade sempre levem em conta a qualidade do serviço, usando uma lógica de causa-efeito que descreva a estratégia da instituição.

A qualidade do serviço prestado traduz-se na medição da satisfação do cliente e pode ser dimensionada através de pesquisas de satisfação. Com base nas respostas das pesquisas, a escola pode descobrir o nível de satisfação dos clientes e tomar ações necessárias para resolução do problema caso esse nível não esteja adequado.

Uma medida de qualidade adotada, atualmente, é o índice de aprovação das escolas no Exame Nacional de Ensino Médio – ENEM. Frequentemente, os pais utilizam esse dado para comparar e classificar escolas.

PARA SABER MAIS! Criado em 1998, o Exame Nacional do Ensino Médio (ENEM) tem o objetivo de avaliar o desempenho do estudante ao fim da escolaridade básica. Podem participar do exame alunos que estão concluindo ou que já concluíram o ensino médio em anos anteriores.

O Enem é utilizado como critério de seleção para os estudantes que pretendem concorrer a uma bolsa no Programa Universidade para Todos (ProUni). Além disso, cerca de 500 universidades já usam o resultado do exame como critério de seleção para o ingresso no ensino superior, seja complementando ou substituindo o vestibular. Fonte: <http://portal.mec.gov.br/index.php?option=com_content&view=article&id=183&Itemid=414>. Acesso em: 16 maio 2015.

17. Pessoas

São todos os colaboradores envolvidos na produção do serviço educacional, como professores, funcionários administrativos, gestores. O desempenho desses colaboradores afeta diretamente a percepção da qualidade da instituição, notadamente as de ensino fundamental e médio. Tais colaboradores precisam estar treinados para prestar um bom serviço aos clientes da escola.

O processo de ensino-aprendizagem mencionado anteriormente é desempenhado pelos professores e diversas pesquisas demonstram que a qualidade do professor afeta diretamente a percepção de qualidade da escola. Bons professores necessariamente são aqueles que estão constantemente estudando e uma boa gestão educacional deve se preocupar em proporcionar isso aos seus colaboradores, pois não basta investir pesadamente em propaganda e deixar o investimento no professor de lado.

18. Promoção e educação

Neste grupo do composto de marketing educacional estão elencados todos os itens de comunicação destinados a aumentar a preferência do cliente por um serviço ou pelo fornecedor desse serviço. O fato de uma instituição de ensino estar grandemente ligada à sua microrregião é extremamente importante nas ações de comunicação uma vez que mídias de longo alcance são ineficientes. A escola deve, portanto, descobrir por meio de estudos qual a mídia mais importante na microrregião em função do público-alvo. Por isso, determinar a microrregião é muito importante pois afeta questões como acessibilidade à escola.

Uma forma de intensificar os esforços em comunicação é trabalhar com o conceito de **comunicação integrada**, que usa de forma variada as principais ferramentas de comunicação: propaganda, venda pessoal, relações públicas, promoção de vendas, dentre outras. A propaganda tem sido usada com muita frequência pelas escolas e é importante avaliar as vantagens e desvantagens das principais mídias, quais sejam:

a) jornal: é o meio utilizado com mais frequência nas campanhas de matrículas, coordenado com outras ações. Em cidades do interior, os jornais regionais apresentam excelente custo/benefício e há também os ***house organ*** que a escola usa como meio, com custo subsidiado por outros anunciantes;

A TENÇÃO! House organ é um periódico ou jornal interno de uma organização, geralmente elaborado pelos próprios colaboradores, visando a obter um canal de comunicação e repasse de informações de interesse comum.

b) rádio: demonstra-se mais eficiente também em cidades menores, pois em grandes cidades a cobertura é mais vasta;

c) outdoor: é o meio mais utilizado pelas instituições de ensino, pois pode se dar em pontos estratégicos da microrregião. É um meio também com custo baixo e flexível. Um bom trabalho da marca, comunicação visual e internet associados a este meio são muito eficazes para a propaganda da escola. Ultimamente temos visto também a variação dos outdoors que são as propagandas em ônibus ou *busdoors*, ou em táxis, os *taxidoors*;

d) televisão: como é um meio de comunicação em massa, apresenta um baixo/ custo/benefício pois seu alcance é muito amplo, a menos que a instituição escolar seja uma rede espalhada em vários lugares. Somente as redes regionais ou comunitárias, para cidades do interior, podem ser interessantes para instituições de ensino localizadas nessas áreas;

e) revista: novamente, para revistas de grande circulação, o alcance é amplo e a relação custo/benefício se torna baixa. Torna-se mais eficiente a propaganda feita em revistas segmentadas ou para públicos específicos. Há estados em que circulam publicações em forma de Guias Escolares, como na Grande São Paulo;

f) mala direta: a mala direta é um meio muito flexível e seletivo, mas pouco alcança o interesse do leitor, o que exige muita criatividade e a coordenação com outras ações. Ainda assim, não deve ser descartado de nenhum planejamento, pois a microrregionalização da escola contribui para uma boa relação custo/benefício desse meio.

Cabe, ainda, observar que a atividade educacional é um serviço estabelecido por lei, tanto no que diz respeito à parte educacional como no que diz respeito à parte administrativa, como empresa, organização.Portanto, todas as ações de propaganda devem observar as características de oferta e publicidade, pois fazem parte da oferta de serviços. Devem ser observados o Código de Defesa do Consumidor (Lei n. 8.078/90) e o Estatuto da Criança e do Adolescente (Lei n. 8.069/90), no caso de instituições escolares do ensino infantil, fundamental e médio.

19. Evidência física

É a materialização física, tangível, que demonstra a qualidade do serviço. Como exemplos temos: bibliotecas, laboratórios de informática, química, física, ciências naturais, auditórios, quadras para a prática de esportes, piscinas, ginásios etc. Esta seria uma técnica para conferir tangibilidade ao serviço educacional. Já não é mais possível considerar que alguns desses itens sejam complementares na prestação do serviço, como bibliotecas e laboratórios, visto que a grande maioria das escolas já os incorporaram como serviços básicos. Assim, as escolas que não dispõem deles acabam por serem consideradas deficientes.

20. Preços e outros custos do serviço

Neste grupo do composto leva-se em consideração a despesa em dinheiro, o tempo e o esforço do cliente para consumir o serviço. É importante demonstrar claramente o valor do ensino, pois sempre há a possiblidade da educação gratuita na rede pública de ensino.

A orientação apenas pelo valor da mensalidade pode levar a gestão educacional a erros que vão impactar a qualidade da oferta, ocasionando a evasão de alunos e a perda de receita. Uma gestão equilibrada, traduz-se em uma política de preços adequada ao público-alvo enquanto atende às expectativas financeiras da empresa.

Convém ressaltar que a educação é um serviço público e a sua prestação por particular é regulamentada por lei e não é diferente com a fixação dos preços das mensalidades. A política de preços é regulamentada pela Lei n. 9870/99 e atrela o aumento da anuidade (a lei não fala sobre mensalidade) a majorações de salários, aprimoramento significativo no quesito didático-pedagógico, tudo isso comprovado por planilhas.

21. Marketing educacional nas instituições de ensino superior

As instituições de ensino superior carecem de ser tratadas em um espaço à parte dadas as suas peculiaridades. Há, no setor educacional, um consenso geral com relação à importância do planejamento estratégico nas faculdades e universidades, pois, com o atual crescimento desse mercado, não se pode mais concebê-las ou mantê-las sem um mínimo esforço de planejamento estratégico.

O planejamento estratégico para instituições de ensino superior segue uma série de etapas. Em primeiro lugar, a instituição analisa o ambiente atual e futuro. Em segundo lugar, revê os recursos mais importantes para que seja factível estabelecer metas gerais e alvos específicos. Depois, escolhe a estratégia de custo mais baixo para atingir o objetivo. Por fim, implanta a estratégia que geralmente requer mudanças na estrutura, nos sistemas de informação, no planejamento e no controle. Vamos observar agora as etapas do planejamento estratégico.

22. Avaliação ambiental

Nesta etapa do planejamento fazemos a análise do ambiente, uma vez que qualquer alteração provavelmente desembocará em novas estratégias institucionais. A instituição deverá formular um documento considerando os desenvolvimentos ambientais mais expressivos, suas metas e estratégias. Os ambientes a serem analisados são: **interno**, **mercado**, **competitivo**, público e **macroambiente**. A partir das análises, as principais ameaças e oportunidades são identificadas. As ameaças mais sérias são aquelas com alto impacto e grande probabilidade de ocorrer. A análise de oportunidades é mais importante que a das ameaças, pois ao identificar estas e neutralizá-las, a instituição fica intacta. Já na análise e gerenciamento das oportunidades, a instituição aproveita vantagens competitivas superiores.

23. Avaliação de recursos

Nesta etapa do planejamento são analisados os recursos humanos, os recursos financeiros, as instalações e os sistemas, traduzidos pelos pontos fracos e fortes da instituição. Aliás, o propósito da análise de recursos é demonstrar esses pontos e estabelecer as competências diferenciadas da instituição no cenário competitivo, sempre comparando a faculdade/universidade com suas concorrentes diretas ou não.

Pontos fracos: características internas da instituição que lhe conferem uma condição desfavorável no processo competitivo ou no ambiente em que ela se encontra.

Pontos fortes: características da instituição que lhe conferem uma condição favorável no processo competitivo ou no ambiente em que ela se encontra.

24. Definição de meta

As avaliações anteriores fornecem subsídios para a criação de metas e objetivos básicos da instituição. A alta administração e o conselho universitário devem revisar e reavaliar a missão, as metas e os objetivos básicos. Para se definir ou formular metas, a instituição primeiramente estabelece sua missão, em seguida as metas a serem atingidas no curto e longo prazos e, por fim, os objetivos.

Para se estabelecer a missão da instituição de ensino, primeiro deve-se saber qual o propósito dela, qual o seu negócio hoje e o que será no futuro, quem é o seu consumidor, quais valores são ou serão transmitidos a esse consumidor.

A formulação das metas se dá a partir das variáveis que a instituição pretende destacar. Também convém observar que não é possível perseguir e alcançar com êxito várias metas ao mesmo tempo. É preciso identificar algumas metas relevantes e estabelecer o foco nelas.

Exemplo de foco distorcido de metas: uma instituição planeja ao mesmo tempo ser a melhor em termos de reputação no país, aumentar o número de matrículas, atrair estudantes especiais, melhorar a qualidade do corpo docente e obter mais doações financeiras. A menos que persiga todas as metas ao mesmo tempo, não será bem-sucedida em todas.

25. Objetivos

Os objetivos são as metas definidas anteriormente, mas para o longo prazo, especificadas em termos operacionais, e devem ser mensuráveis.

Exemplo: meta de elevar o número de matrículas.

Objetivo: aumentar o número de matrículas no próximo ano em quinze por cento.

26. Implementação de estratégia

O próximo passo na formulação do planejamento estratégico é a formulação da estratégia global e sua implementação. Essa estratégia deve conter decisões sobre seus programas atuais, com as manutenções, melhorias e extinções necessárias, além de incluir possíveis novos programas e oportunidades de mercado.

Algumas ferramentas ajudam os planejadores educacionais na tarefa da formulação e revisão da estratégia e as principais delas são a de portfólio acadêmico, que revisa os programas já existentes tendo como base a atratividade do mercado, e a de oportunidade produto/mercado, que viabiliza mudanças potenciais dos programas e dos mercados.

27. Proposta organizacional

Outra fase do planejamento estratégico é o da proposta, o do projeto organizacional, e diz respeito à estrutura, às pessoas e à cultura da instituição. Muitas vezes, a implementação de uma estratégia exige mudanças na estrutura organizacional e, também, o treinamento e a recolocação de colaboradores em posições-chave, além de ser necessário um plano para a mudança da cultura da faculdade/universidade. Como a **cultura empresarial** e **de marketing** normalmente são alvo de críticas da cultura acadêmica, um desafio para as instituições que buscam mais alunos é desenvolver uma orientação de marketing na qual o corpo docente veja seu trabalho como algo com o objetivo de atender seus mercados e satisfazer suas necessidades e expectativas. A implementação dessa mudança cultural na organização pode se traduzir no sucesso da instituição.

28. Plano de sistemas

O último passo no planejamento estratégico para instituições de ensino superior é o plano de sistemas, efetuado para se planejar ou ampliar sistemas necessários para a base das novas estratégias, sendo que os principais sistemas são: de informação, planejamento e controle de marketing.

29. Análise do mercado educacional

Para se ter um planejamento estratégico, é imprescindível que haja uma análise do mercado, com sua mensuração e previsão. Uma instituição de ensino deve disponibilizar um número de matrículas que não seja maior do que se possa atender e que seja o suficiente para utilizar todos os recursos físicos e humanos de que dispõe. Uma faculdade/universidade seletiva, por exemplo, deseja gerar um grande número de candidatos à vaga para poder escolher os mais adequados às suas características de ensino. É a mensuração e previsão do mercado que permite à escola estimar quantos alunos possuem as características desejadas por ela e quais estariam interessados em matricular-se.

A mensuração e a previsão do mercado são utilizadas para definir quem está no mercado, qual o seu tamanho e, a partir daí, quais programas devem ser planejados e promovidos para que metas e objetivos sejam alcançados. A mensuração da demanda do mercado ajuda a instituição a vislumbrar expectativas realistas para matrículas. A previsão do mercado, como a própria definição diz, ajuda a instituição a se antecipar a eventuais mudanças nos desejos e expectativas dos clientes, preparando-se para elas.

Ao fazer a mensuração do mercado, é importante que a instituição de ensino superior realize três tipos de previsão: demanda total do mercado, demanda da área de mercado e participação de mercado da instituição.

A demanda total do mercado ou a sua estimativa é o volume total que seria comprado de serviço ou produto por um determinado grupo de consumidores, em uma região, em determinado espaço de tempo e **ambiente de marketing** definidos e submetido a um programa de marketing definido. Esse tipo de demanda é condicional.

O programa de marketing da instituição inclui cursos e serviços ofertados, seus preços, nível de despesas em promoção e outros fatores. Em grande parte das ocasiões, a elevação do gasto promocional fornecerá níveis mais altos de demanda – taxas crescentes que ao longo do tempo vão diminuindo. Além de certo nível, a elevação da despesa promocional não vai estimular o crescimento da demanda, ou seja, a demanda do mercado tem limite e esse limite é chamado de potencial do mercado.

Uma forma direta de estimativa de demanda é o método da proporção em cadeia que mostra como o mercado pode ir se estreitando até que fique definido e inclua apenas a parte que a instituição deseja atrair. Envolve a multiplicação de um número base por uma sucessão de porcentagens que levam ao conjunto de consumidores definido.

Na estimativa da demanda da área de mercado, a instituição espera determinar as áreas geográficas a que deve dar mais atenção, que são as que têm a maior demanda de mercado. Neste quesito, podem ser utilizados quatro métodos de estimativa: análise da área dos atuais alunos matriculados; índice de fator único; índices de fatores múltiplos; índice ajustado à distância.

O índice de fator único é aquele que determina um único fator mensurável que espelhe o potencial de mercado de comunidades diferentes. Já os índices de fatores múltiplos são identificados no caso de o índice anterior não ser confiável, ocasião em que deverão ser adotados dois ou mais fatores que indiquem melhor cada potencial. Finalmente, o índice ajustado à distância mede o potencial interesse do consumidor por um serviço em relação à distância que ele percorre para obtê-lo.

Por último, mas não menos importante, a estimativa da participação de mercado da instituição leva esta a se comparar às demais instituições com o fim de conhecer suas vantagens e desvantagens.

30. Conhecendo os consumidores

Ter conhecimento daqueles que consomem o serviço educacional também é essencial para um bom planejamento estratégico. A decisão desse cidadão afeta, diretamente, a instituição superior de ensino. Conhecê-lo, portanto, é condição básica para o desenvolvimento do serviço, a formação do preço, a distribuição do produto e a promoção de um programa eficaz.

O processo de compra começa antes do ato em si e tem consequências posteriores. Assim, a escolha da instituição de ensino afeta a carreira futura do aluno, suas amizades, seu domicílio futuro e sua qualidade de vida. O processo de compra passa por cinco estágios antes de ocorrer, que são: provocação da necessidade, interesse pela compra, avaliação da decisão de comprar ou não, execução ou não da decisão e avaliação pós-decisão.

Ao terminar o ensino médio, os principais pontos que levam os alunos a se candidatarem a uma faculdade são: a preocupação com o que desejam estudar, a orientação vocacional que os compelem a indicar seus planos futuros e propagandas de universidades das quais tomam conhecimento.

Os alunos querem satisfazer diversas necessidades conflitantes através de uma única decisão: em qual universidade estudar. Seus desejos específicos podem ser descobertos pela instituição de ensino por meio de questionários contendo seus principais atributos. Obviamente, nenhuma universidade satisfará plenamente a todos os alunos e as instituições devem se ajustar para atender à demanda de alguns segmentos da população. As descobertas feitas pela universidade devem ser utilizadas para o planejamento de comunicações eficientes de marketing.

31. Posição dos serviços educacionais

O posicionamento é de vital importância para formulação correta de uma estratégia de marketing e deve ser visível em todo o serviço educacional para reforçar a imagem e a identidade da instituição de ensino, pois, normalmente, a qualidade real é menos importante que a qualidade percebida e é esta que, de fato, orienta a tomada da decisão do provável aluno.

Os principais posicionamentos de uma instituição superior de ensino buscam entender o relacionamento entre os cursos e o mercado, além de assinalar oportunidades de mercado para a introdução de novos cursos, realinhando os já existentes e extinguindo os de baixo rendimento, e ainda arbitram estratégias em relação à concorrência, como: escolha de lugares para implantação de novas unidades e estratégia de preços das mensalidades.

Para que uma estratégia de posicionamento se desenvolva, é preciso que sejam analisadas as reais oportunidades, o tamanho, localização e participação do mercado para arbitramento de segmentos de futura ação, observando as necessidades internas da instituição, com implementação de ações que minimizem deficiências, estudando a concorrência para que sejam implementadas ações diferenciadas que se mostrem mais efetivas.

Glossário – Unidade 2

Ambiente competitivo – denominação dada ao conjunto de fatores e de condições que um gerente de marketing deve analisar e no qual deve atuar de maneira estratégica para poder enfrentar, de forma mais adequada, os diversos concorrentes e seus prováveis comportamentos.

Ambiente de marketing – atores e forças ambientais que afetam a habilidade das empresas de marketing em desenvolver e manter com sucesso suas transações com seus consumidores-alvos.

Ambiente interno – nível de ambiente da organização que está dentro dela e normalmente tem implicação imediata e específica na administração da organização.

Ambiente mercado – conjunto das dimensões econômicas, políticas e legais, sociais, naturais, tecnológicas e competitivas do ambiente.

Comunicação integrada – desenvolvimento da comunicação estratégica organizacional junto ao mercado, promovendo, posicionando e divulgando produtos, serviços, marcas, benefícios e soluções.

Cultura de marketing – diz que as instituições devem atender seus mercados e satisfazê-los.

Cultura empresarial – enxerga o lucro como um fim em si mesmo.

Empregabilidade – busca constante do desenvolvimento de habilidades e competências agregadas por meio do conhecimento específico e pela multifuncionalidade, as quais tornam o profissional apto à obtenção de trabalho dentro ou fora da empresa.

Fidelização – estratégia de gerenciamento de clientes que transforma simples compradores em "advogados" da marca. Visa a frequência e recompra de produtos ou serviços e o relacionamento a longo prazo, conquistando ou incentivando a fidelidade dos consumidores a uma empresa ou marca.

Geografia de mercado – ferramenta que possibilita a visão da distribuição geográfica de clientes e possíveis clientes, enriquecendo os bancos de dados voltados para marketing.

House organ – jornal interno de uma empresa.

Macroambiente – ambientes sociais considerados na elaboração do plano de marketing, a saber: demográfico, econômico, natural, tecnológico, político e cultural.

Microrregião – determinação do melhor local para um pequeno negócio.

Preço de mercado – método de fixação de preços que leva em consideração a concorrência mais do que os custos ou a procura.

Prospecção – etapa do processo de venda na qual o vendedor identifica o consumidor potencial qualificado.

Vantagem competitiva – atributo ou característica oferecida aos clientes, que apresenta diferencial superior de valor, sob o ponto de vista do cliente, sobre a oferta dos concorrentes. Conhecido também por diferencial ou diferencial competitivo.

UNIDADE 3
O MARKETING NA SALA DE AULA

Capítulo 1 O professor como ferramenta de marketing, 59

Capítulo 2 Motivação, 61

Capítulo 3 Treinamento, 62

Capítulo 4 Remuneração, 63

Capítulo 5 Valorização, 66

Capítulo 6 O aluno como agente de marketing de uma instituição de ensino, 69

Capítulo 7 A motivação do aluno, 70

Capítulo 8 A afetividade do aluno, 72

Capítulo 9 A sala de aula como ferramenta de marketing, 73

Glossário, 75

Ao longo do tempo, o processo educacional passou por diversas transformações na área legal, provocando a mudança de diretrizes, acompanhando as modificações pelas quais sempre passa a sociedade. Estas transformações acabaram por gerar mudança de **paradigma** também. O momento atual não é diferente. Os avanços tecnológicos e da internet que permitem uma velocidade cada vez maior em um tempo cada vez menor da transmissão e troca de informação, trazem consigo uma gama de possiblidades exigindo da instituição de ensino mudanças tanto comportamentais quanto estruturais e mais ainda nos relacionamentos. O relacionamento mais importante que há numa instituição de ensino é o existente entre aluno e professor. Este professor que precisa buscar sempre alternativas novas e criar um diferencial que conquiste seus alunos que estão cada vez mais expostos à rede e dela se utilizam em tempo quase que integral. É neste relacionamento que está baseado o marketing dentro da sala de aula, na qual se encontram a principal ferramenta e o maior agente de marketing da instituição de ensino: o professor e o aluno, respectivamente.

O aumento da concorrência e a diminuição do mercado-alvo, pois a taxa de natalidade vem decrescendo ao longo dos anos, faz com que algumas instituições de ensino, erradamente, canalizem grande parte de seu investimento em propaganda para captação e retenção de alunos. Mas, como já vimos na unidade anterior, para que uma escola aumente sua participação no mercado é preciso um planejamento estratégico de marketing visando, dentre outras coisas, não só a propaganda, mas principalmente seus colaboradores, seu material humano. Dentre estes colaboradores encontram-se os professores, formando o corpo docente da instituição de ensino. Como já abordamos, os professores precisam ser estimulados pelas instituições de ensino a manter uma relação duradoura de parceria com os alunos, promovendo a fidelização dos clientes. Além do mais, a instituição precisa treinar constantemente seus professores para prestarem um excelente serviço educacional.

E por que é tão importante assim investir na capacitação e na preparação do corpo docente? Ora, é sabido que, principalmente nas escolas de educação infantil e de ensino fundamental, o primeiro critério adotado pelos pais no momento de uma mudança de escola é a qualidade do sistema educacional e dos professores. Os pais sempre procuram saber de outros pais e dos próprios alunos se a instituição que pode ser a escolhida oferece boas aulas e bons professores.

Os professores, por sua vez, muitas vezes se esquecem do potencial de marketing que carregam consigo. São bons em métodos didático-pedagógicos, sabendo utilizá-los no momento apropriado, transmitem conhecimento, mas falham no relacionamento com os seus clientes: alunos e pais. Quem não tem em sua lembrança pelo menos um professor que o marcou para sempre pela excelente aula que ministrava e pelo relacionamento estreito que mantinha com os alunos? Esse professor, às vezes sem saber, praticava o **marketing de relacionamento** (assunto já abordado na Unidade 2). No entanto, todos nós temos pelo menos um professor em nossa lembrança que sabia muito conteúdo, mas simplesmente não conseguia fazer que os alunos aprendessem ou porque o professor não tinha qualquer didática para ensinar, ou porque era alguém distante, ou mal-educado, ou antipático. Esse professor, querendo ou sem querer, praticou ações negativas que certamente ficaram associadas ao nome da instituição de ensino.

Nesta unidade, iremos analisar os papéis do professor e do aluno como pessoas nesse relacionamento essencial para marketing na sala de aula, bem como o próprio ambiente onde esse relacionamento se desenvolve: a sala de aula.

PARA SABER MAIS! Lições de marketing para sala de aula. Abordagem interessante sobre o marketing em sala de aula do ponto de vista de uma professora. Disponível em: <http://www.docenciainloco.com/educacao-2/educacao-empreendedora/licoes-de-marketing-para-a-sala-de-aula/>. Acesso em: 11 fev. 2015.

1. O professor como ferramenta de marketing

O professor é tão importante dentro das instituições de ensino que alguns autores o consideram o quinto P do **composto de marketing** (assunto abordado na Unidade 1). É preciso que as instituições e também os professores se alinhem a essa realidade. Afinal de contas, é o professor que passa a maior parte do tempo com o cliente, o aluno.

Nas instituições de ensino, o professor é o responsável:

a) por manter os alunos motivados;

b) pelo processo educativo e formativo dos alunos; e

c) pela satisfação dos pais.

E é por meio do professor que as instituições de ensino conquistam:

a) o **share of heart** de pais e alunos; e

b) espaço no mercado.

No ambiente da sala de aula, o professor precisa incentivar sempre de forma prática o aluno à busca constante do conhecimento. Para isso, o professor pode fazer uso de vários recursos didáticos estimulantes, além de material didático atualizado e bibliografia interessante, atraindo de forma fascinante a atenção do aluno em sala de aula. Ao incentivar seus alunos-clientes, ele deixa de ser apenas mais um funcionário da instituição e passa ser referência de vida para seus alunos, motivando seu público à pesquisa e ao aprendizado permanente.

Houve um tempo em que a concorrência entre as escolas de nível básico e superior era quase nenhuma. Além disso, havia poucas instituições de ensino particulares e muita oferta para o corpo docente. Por outro lado, os professores não viam necessidade de se atualizar buscando a permanência nas instituições ou mesmo para conquistar os alunos.

Na década de 1990, com o agravamento da crise financeira brasileira e a sucessão de planos econômicos malfadados, a economia e a sociedade pararam e as famílias foram repensando seu sonho de crescimento. Ao mesmo tempo, crescia o número de instituições de ensino e a concorrência foi ficando acirrada em busca de espaço no mercado. A partir daí, os professores precisaram se adaptar para não perderem espaço no mercado, pois os consumidores, alunos e seus pais, foram ficando e estão cada vez mais exigentes e passaram a ter cada vez mais acesso à informação.

Para não perder os alunos para a concorrência, as instituições de ensino precisam, portanto, investir em seu bem material mais importante e em diversas áreas. As escolas precisam manter seu corpo docente motivado, buscando proporcionar remuneração adequada ao que lhe é cobrado como profissional, investindo constantemente em treinamento e valorizando esse grupo de colaboradores. Essas questões serão abordadas a seguir.

2. Motivação

A motivação evidencia-se como um ponto a ser investido pelas instituições, mas na verdade acaba por ser uma consequência das demais áreas que serão destacadas. A motivação do professor na realidade é resultado de uma reunião de quesitos, como vocação, preparo e treinamento, remuneração e valorização desse profissional.

A gestão escolar possui papel fundamental na motivação desse profissional para que, motivado, o professor possa vender adequadamente o serviço oferecido pela escola por meio do processo de ensino-aprendizagem.

As instituições de ensino devem oferecer, através de atividades participativas, ferramentas de apoio pedagógico e tecnológicos, a fim de encorajar o trabalho do professor, valorizando o profissional e promovendo o encantamento do cliente- -aluno no processo de ensino-aprendizagem. Professores motivados contribuem para o estreitamento do relacionamento com seus alunos, uma das bases do marketing dentro da sala de aula.

Muitas vezes, o professor se encontra desmotivado em razão das condições de trabalho oferecidas a ele e, como já foi dito, muitas vezes não recebe um salário de acordo com o que se espera dele como profissional. Outras vezes, além de tudo já mencionado, o professor tem diante de si um grande número de alunos em sala, o que impede que ele realize um trabalho mais próximo de cada discente. Soma-se a isso a escassez de recursos tecnológicos. Pronto! Temos aí um professor desmotivado.

As instituições de ensino precisam, então, buscar maneiras de proporcionar melhores condições de trabalho para o professor, com uma remuneração digna de seu grau de competência, salas de aula com a quantidade de alunos suficiente para que seja feito um trabalho consistente e aprimorado no processo de ensino-aprendizagem, com fartura de recursos tecnológicos ao seu dispor.

Uma boa iniciativa para manter o professor motivado é a que propõe o marketing social (conceito estudado na Unidade 1), e que tem estreitado bem o relacionamento aluno-professor: constantes ações e projetos de interesse social. Tais ações promovem o envolvimento emocional de alunos e da sociedade, e alunos envolvidos emocionalmente se tornam companheiros fiéis e excelentes divulgadores. Mas não bastam apenas ações de assistencialismo, mas intervenções didáticas que promovam o bem-estar social, a capacitação para o mercado de trabalho, a orientação vocacional etc. A elaboração de trabalhos sem prazo de término que promovam a discussão de conceitos como cidadania, respeito, ajuda e colaboração trazem grandes benefícios, não somente para a instituição e para os alunos, mas também contribuem para a motivação do professor.

3. Treinamento

Sendo a educação uma prestação de serviço, e, como tal, sofre constantemente as interações do consumidor, não há tempo para grandes mudanças, os erros precisam ser minimizados, e as correções precisam se dar de forma rápida e criativa. O cliente-pai confia à instituição a formação de seu filho e o cliente-aluno conta com a universidade para se tornar um grande profissional. Com a velocidade com que a informação circula e as mudanças cada vez mais rápidas da tecnologia, já não é possível que o professor encare os alunos como modelos estereotipados, mas que pense neles como consumidores, olhando-os mais atentamente, respeitando seus limites e princípios, aceitando sugestões e trabalhando com a troca de informações, observando as mudanças de comportamento e as sociais pelas quais eles passam.

O professor precisa se tornar um ente cada vez mais próximo dos alunos que exigem respostas cada vez mais imediatas. Não basta só transferir a informação, mas fazê-lo com qualidade. E o professor precisa ser treinado constantemente para isso.

O professor de hoje precisa dar ênfase à aprendizagem do aluno e não somente focar a transmissão de conteúdo, ou seja, a aprendizagem não pode mais ser um produto final da educação, mas apenas um processo pelo qual se aprende.

Nas salas de aula também já não cabe mais a figura do professor como ditador, autoritário, mas para se estabelecer uma relação mais profunda e duradoura com os alunos é preciso que haja uma relação de parceria, fazendo da educação não uma necessidade temporária para o aluno, mas um processo que leva a vida inteira. Para isso é preciso uma estrutura curricular flexível, na qual o professor não somente ensina, mas também aprende, sendo um facilitador da aprendizagem do aluno e preocupando-se com seu desempenho e não somente com o conteúdo transmitido.

O professor precisa ser treinado e ter como objetivo ajudar os alunos a se desenvolverem, adequando-se ao modo como o aluno aprende e não o colocando em uma forma de método de ensino próprio, estimulando sua criatividade e inovação através do debate e da educação continuada.

É preciso, também, levar em conta o avanço constante da tecnologia e munir o professor de todo treinamento possível relacionado a esse item, pois os alunos estão cada vez mais expostos às ferramentas tecnológicas que promovem a integração com o mundo, e a escola não pode ficar de fora deste círculo. É preciso, portanto, que as instituições de ensino estejam preparadas tecnologicamente e treinem seus professores para que utilizem a tecnologia como ferramenta no processo de aprendizagem.

Atenção

Ter bons recursos físicos na sala de aula não é suficiente. É necessário que o professor seja um excelente comunicador. O professor deve ter boa expressão corporal, boa dicção, boa entonação de voz e, sobretudo, trazer bons assuntos para sala de aula. O professor precisa ser também um verdadeiro e entusiasmado narrador, um contador de boas histórias.

Tendo professor e aluno um único objetivo, que é a busca pelo conhecimento e a excelência educativa, estimulados pelo estreitamento da relação e o consequente aumento da comunicação e a superação das expectativas, a consequência mais natural é a fidelização desse aluno. Uma boa aula e um bom professor impactam diretamente na escolha pela instituição ou pela rematrícula.

4. Remuneração

Uma das áreas que mais influenciam o professor no momento da escolha de uma oportunidade de emprego ou na troca deste é a remuneração atribuída a ele pelo serviço prestado à escola. Isso acontece não somente nas instituições de ensino privado, mas também na rede pública de ensino, notadamente na educação infantil, no ensino fundamental e no ensino médio.

Certa ocasião, uma pesquisa realizada entre os professores da rede pública de ensino do Estado de São Paulo que abandonaram o magistério constatou que aproximadamente cinquenta e nove por cento dos professores que desistiram da carreira pública o fizeram principalmente em razão da baixa remuneração.

Historicamente, desde os tempos do Brasil-colônia, o docente é mal remunerado e, embora já exista hoje uma consciência generalizada de que os professores são mal pagos, o tema ainda é controverso, e há quem defenda que os professores não são tão mal pagos quanto se diz. Uma consequência direta disso é a baixa procura pelas carreiras de licenciatura nos vestibulares mais concorridos do país. Talvez, a abordagem mais adequada para enfrentar a questão seja comparar a remuneração dos professores com a de outros profissionais.

Para se ter uma ideia de quão pouco valorizada do ponto de vista da remuneração é a carreira dos professores, basta analisar qual a diferença entre o salário inicial de um professor graduado (requisito mínimo para se lecionar a partir do sexto ano do ensino fundamental), e o salário de profissionais cuja profissão exige inicialmente o nível médio de formação, como policiais civis, técnicos judiciários etc. Se o parâmetro de comparação for o ingresso profissional a partir do nível superior, a discrepância é maior ainda. Basta comparar o mesmo professor com licenciatura aos médicos, advogados, economistas, ou juízes. É evidente que o médico e o juiz, para ingressarem na carreira, permanecem por mais tempo em formação universitária que o necessário para a atividade docente, porém nada justifica a distância salarial abissal entre essas profissões.

No entanto, há argumentos contra a teoria de que os professores não são adequadamente remunerados. Alguns economistas dizem que os professores trabalham menos horas por semana e, quando esse fator é levado em conta, a aparente desvantagem desaparece. Os argumentos dizem que, quando se observa a jornada semanal, os professores acabam se encontrando em um patamar mais elevado de remuneração; assim, a menor jornada seria um forte benefício indireto na escolha da profissão. O que está por trás da discussão, contudo, é a forma de aferir o tempo no planejamento e preparação das aulas, nas atividades de coordenação coletiva, na correção dos trabalhos e provas etc., a chamada **hora-atividade**. Ou seja, há um grave erro na metodologia dessa comparação: ao considerar a jornada semanal de trabalho do professor menor em relação às demais profissões, não se leva em consideração a hora-atividade, o tempo investido em planejamento, na preparação das aulas, na correção de provas e trabalhos.

Se, por um lado, é complicado especificar o tempo adequado para as atividades docentes que não impliquem a presença em sala de aula, por outro, é óbvio que elas não se esgotam aí. Parece evidente que preparar aula, corrigir trabalhos e provas, participar de reuniões coletivas com outros profissionais da educação são compromissos inerentes à atividade e não podem acontecer enquanto o professor está em sala de aula.

Outro argumento utilizado para justificar a baixa remuneração do professor em comparação com outras profissões é o de que os professores têm um período de férias de 90 dias, enquanto a maioria dos profissionais comparados têm 30 dias. Ora, levando-se em consideração que o ano letivo tem duração de 200 dias, e, no ano, há 104 dias destinados aos finais de semana, os professores não desfrutam de mais que 60 dias por ano, entre férias e recesso e, em muitos casos, os recessos envolvem atividades de planejamento e formação continuada.

Quando se levanta a questão da jornada do trabalho extraclasse, é comum a crítica de que, na prática, o docente se limita a dar aulas. Assim, não há porque lhe pagar por algo que, de fato, não acontece. O tempo dedicado a atividades de planejamento e correção de trabalhos acaba preenchido por mais aulas em outras redes de ensino. Essa, de fato, é a realidade. Como o salário pago por uma instituição de ensino é insuficiente para viver com o mínimo de dignidade, as jornadas são fixadas de tal forma que se possa atuar em outras escolas ou redes de ensino, ou ter mais de um cargo na mesma escola ou rede. O resultado são professores trabalhando durante 18, 20 horas por dia. Há, aqui, um círculo vicioso: a instituição de ensino paga um valor de hora-aula baixo sob o argumento de que o professor pode exercer a atividade em outras redes, e o docente torna-se um mero replicador de conteúdos vazios de significado para ele e para os alunos, posto que não há como planejar aulas de qualidade com tão pouco tempo disponível fora de sala de aula.

Além do mais, o trabalho do professor, notadamente o que possui formação superior, representa a cada aula uma jornada de trabalho, que possui início, meio e fim. Há um desgaste naturalmente diferente do que ocorre com o profissional que desenvolve atividade contínua em uma jornada de oito horas diárias.

Atenção

O poder público é o maior empregador do professor e a remuneração está intimamente ligada à receita pública *per capita* e à capacidade de mobilização da categoria profissional. A remuneração depende, também, do prestígio da profissão, o que está intimamente ligado ao perfil do usuário. Como no Brasil, somente os pobres estudam em escolas públicas, estas têm reduzida sua valorização social. Para a rede privada, que responde por aproximadamente 10% das matrículas da educação básica, quanto menor for a remuneração do professor na rede pública de ensino, mais atraentes serão as vagas em suas instituições. Por um pequeno diferencial de salário, muitas vezes as escolas privadas usam como estímulo as cobiçadas bolsas de estudo para os filhos de professores como atrativos no momento da opção por se trabalhar ali.

Não existe valorização de uma profissão sem salários atraentes, que estimulem os melhores alunos do ensino médio a optar pela carreira. Os professores, no ensino médio ou nas séries finais do ensino médio (que exigem formação superior), possuem remuneração inferior a boa parte de profissões de nível técnico ou da área de vendas. Já os professores com formação em nível médio normal recebem menos que vigilantes, carteiros, mecânicos, motoristas de transporte coletivo, dentre outros. É preciso dar à profissão o prestígio que ela merece e não tem, exceto em casos isolados, como os dos professores da rede federal ou escolas privadas de elite. O melhor indicador de prestígio de uma profissão é o salário pago aos seus profissionais.

A valorização salarial não é pagar ao professor um valor muito acima do que é pago a outros profissionais, mas, sim, pelo menos o que já é pago a estes. Professores bem remunerados podem trabalhar com mais tranquilidade no planejamento de suas aulas, pois terão tempo para isso, uma vez que não precisarão trabalhar em mais de uma escola para o complemento da renda familiar. Esta tranquilidade pode estimular a criatividade na preparação de aulas únicas que venham a encantar o aluno, trazendo benefícios na fidelização dele e de seus pais no momento da rematrícula.

5. Valorização

Valorizar é dar valor a alguma coisa ou, no nosso caso, pessoa. É também reconhecer a importância de algo ou alguém. Quando falamos em valorização do professor, é isso mesmo que queremos dizer em relação ao marketing educacional: as instituições de ensino precisam "afiar" sua principal ferramenta de marketing, dando-lhe valor, reconhecendo sua importância dentro da organização. A valorização do professor, do corpo docente pode se dar de várias formas, como já mencionamos anteriormente: mantendo-o motivado, proporcionando constante treinamento e remunerando-o de acordo com o que lhe é cobrado enquanto profissional.

Por meio da valorização do corpo docente, há o estímulo para a formação de um ambiente escolar criativo e motivado. Nesse ambiente, essa motivação pode se dar através do **endomarketing**, que proporciona um sistema de informação eficaz, ao criar um clima em que todos os colaboradores, inclusive professores, sintam-se valorizados e estejam preparados para atender ao cliente, seja externo (alunos e pais) ou interno (os próprios colaboradores).

As condições de trabalho também são fatores importantíssimos a serem levados em conta na valorização do professor. Como já foi mencionado quando tratamos da remuneração, a jornada de trabalho do professor deve ser adequada, levando em consideração não somente o período de aula efetivamente ministrada, mas também a chamada hora-atividade, que consome uma boa parte dessa jornada e não pode ser excluída do planejamento do professor, pois é de suma importância que haja um período em que o docente possa se preparar e preparar suas aulas, avaliações e tarefas que serão pedidas em aula. É necessário que o professor se dedique integralmente a esse trabalho nesse período.

A quantidade de alunos em sala de aula é um fator importante, que reflete as condições de trabalho do professor e que também precisa ser alvo do marketing educacional, sobretudo o marketing de relacionamento. Essa quantidade de alunos precisa estar adequada à sala aula e às condições do professor de dedicar atenção e estabelecer o relacionamento que se deseja com cada aluno-cliente. É mais fácil um professor ser mais atencioso com cada aluno em uma turma de 25, do quinto ano do ensino fundamental, do que em uma turma de 40 alunos, da mesma série, por exemplo.

A valorização do trabalho docente depende de alguns elementos já mencionados aqui, como a existência de condições de trabalho adequadas, bem como da justa remuneração paga ao professor, do treinamento eficaz e da motivação do corpo docente. Porém, são escassos os estímulos para que a carreira seja atrativa, no que se refere às condições de formação, trabalho e salário.

Pressionados por uma jornada de trabalho excessiva, desvalorizados e mal remunerados, muitos professores comprometidos com o trabalho acabam sentindo-se desapontados, quando não recompensados por seus esforços, e frustrados, porque suas idealizações em relação ao trabalho e à instituição não acontecem, produzindo nesses docentes a percepção de baixa valorização profissional. Tais fatores, aliados aos individuais, acabam por favorecer o surgimento do estresse ocupacional dos professores, o que tem sido chamado de **burnout**.

As consequências do *burnout* em professores não surgem apenas no campo pessoal-profissional, mas também trazem repercussões sobre a organização escolar e a relação com os alunos, e isso é preocupante do ponto de vista do marketing educacional. A adoção de atitudes negativas por parte dos professores na relação com aos clientes-alunos desencadeia um processo de deterioração da qualidade da relação com estes alunos e de seu papel profissional. Professores com altos níveis de *burnout* sentem-se totalmente desestimulados ao trabalho e pensam frequentemente no abandono da profissão, gerando sérios transtornos no âmbito da instituição escolar. Afinal de contas, trazer um novo professor para uma turma que já está em pleno andamento do ano letivo desestabiliza a relação instituição-aluno e traz insegurança para os discentes, dependendo da faixa etária.

Mas pode ocorrer de um professor acometido de estresse ocupacional não abandonar o trabalho. Na verdade, isso é muito comum até, dadas as necessidades financeiras da categoria. Obviamente, a produtividade desses professores, que mesmo estressados permanecem trabalhando, fica muito abaixo do real potencial, ocasionando problemas na qualidade do serviço prestado.Os altos níveis de *burnout* fazem que os profissionais anseiem pelo fim do dia de trabalho, pensem frequentemente nas próximas férias e se utilizem de inúmeros atestados médicos para aliviar o estresse e a tensão do trabalho, ocasionando uma quebra na relação professor-aluno, gerando insegurança no cliente.

O *burnout* acaba por aumentar os custos da instituição de ensino, pois a parte do sistema educacional mais valiosa, que sofre com a incidência do estresse ocupacional, são os professores. O professor acometido pela síndrome tem dificuldade de envolver-se e seu relacionamento com os alunos é superficial, posto que lhe faltam carisma e emoção. Isso acaba por afetar não só o processo de ensino-aprendizagem, mas também a motivação e o comportamento dos alunos. Há estudos que identificam que os professores com altos níveis de *burnout* ficam frequentemente resfriados e são vítimas constantes de insônia, dores nas costas e na cabeça e hipertensão.

Para amenizar as questões de estresse emocional, ou para preveni-las, é necessário que sejam implantadas pela gestão escolar ações direcionadas, não somente à própria gestão, mas também aos professores, que busquem assegurar um espaço de discussão e reflexão sobre o papel docente na atualidade, tendo o professor um papel importante como ferramenta do marketing educacional. É necessário estimular e valorizar a autonomia docente, permitindo aos professores manifestar sua competência e motivação profissional. Também é interessante desenvolver reuniões com agenda positiva, durante as quais possam ser apresentados projetos de trabalho e experiências de sucesso desenvolvidas pelos professores. Finalmente, divulgar as experiências à comunidade, salientando os aspectos inovadores da escola e da profissão docente, resgatando, desta forma, a imagem desse profissional perante a sociedade.

O professor, dada sua liderança perante o aluno, tem grande responsabilidade na construção da marca institucional na mente do educando. Esse é o motivo de o professor ser a mais importante ou a principal ferramenta de marketing de uma instituição de ensino. Mas o professor também é cliente e deverá ser tratado de forma estratégica, com valorização do seu trabalho, prevenção do estresse ocupacional, motivação, treinamento e remuneração adequada, para que se torne um parceiro efetivo da escola ou universidade.

PARA SABER MAIS! O professor é responsável pelo marketing da escola? Muito além da sala de aula. Texto superinteressante. Leitura recomendada. Disponível em: <http://marcaseducacionais.blogspot.com.br/2007/02/marketing-na-sala-de-aula.html>. Acesso em: 11 fev. 2015.

6. O aluno como agente de marketing de uma instituição de ensino

O aluno é o cliente da escola e do professor. É necessário, portanto, saber o que o estimula a prestar atenção na aula e de que maneira ele deve ser estimulado a estudar, ou seja, é preciso descobrir suas necessidades e desejos, a sua demanda. A pesquisa intuitiva do professor nem sempre funciona, por isso muitas vezes uma **pesquisa de opinião** precisa ser realizada para descobrir o que tem valor para o aluno.

Para incentivar o aluno a estudar, é necessário apresentar também vantagens competitivas (item já estudado na Unidade 2) que o instiguem ao bom desempenho acadêmico. Acesso à escola facilitado, local para estacionamento, cantina com lanches saudáveis, espaço para confraternização dos alunos, mesmo sendo ambientes externos à sala de aula, são importantes.

Outro aspecto que precisa ser levado em consideração com relação ao aluno-cliente é a motivação. Se o professor, e por extensão a escola, querem ter um aluno satisfeito com o serviço prestado e, mais que isso, fidelizado, encantado,

é preciso mantê-lo motivado. Além da motivação, a afetividade no processo de ensino-aprendizagem, e também a existente entre aluno e professor, causa impacto na forma como o cliente se relaciona com a escola e consequentemente em como ele a enxerga. Podemos dizer, então, que alunos motivados e que desenvolvem uma relação afetiva, tanto no processo de aprendizagem quanto no seu relacionamento com o professor, são alunos que ficam satisfeitos com o serviço prestado pela escola e tornam-se agentes de marketing naturais da instituição de ensino.

7. A motivação do aluno

Não é difícil ouvir professores reclamando que seus alunos são desinteressados, distraídos, e o único objetivo de estarem na aula é serem aprovados ao final do ano letivo ou concluírem um curso. Há aqui uma desigualdade: de um lado o professor, o detentor do saber; e de outro o aluno, o receptor desse saber. O professor sem treinamento não consegue entender como o aluno aprende e o que precisa fazer para que possa motivá-lo e, assim, ajudá-lo no processo de construção de seus conhecimentos.

Na verdade, o professor está mais preocupado em transmitir ou cumprir o conteúdo programático e menos com a aprendizagem do aluno. Isso acontece por que grande parte dos educadores ainda não tem consciência de que seu agir pedagógico deve estar subordinado ao aluno. Como já foi abordado anteriormente, as situações propostas em sala de aula devem depender do nível de desenvolvimento cognitivo do aluno, partindo das necessidades deste. Um ajuste entre as propostas de atividades e as características evolutivas do desenvolvimento do aluno podem contribuir para a sua motivação e sua consequente aprendizagem e satisfação.

O aluno também não consegue aprender porque a escola pensa por ele, ou seja, há uma imposição dos conteúdos, uma antecipação de tudo para ele, e essa prática lhe tira a oportunidade de planejar a busca de seus próprios conhecimentos e o prazer de aprender. É preciso dar tempo e condições para que o aluno aja sobre o meio que o cerca e tire suas próprias conclusões. É por meio da interação que o aluno vai poder construir instrumentos de raciocínio e assim ter condições de assimilar novos conhecimentos.

É preciso ser estimulado no aluno o prazer de aprender, pois sem o prazer não há a motivação e sem a motivação não há aprendizagem. Sem a aprendizagem não há a satisfação e provavelmente esse aluno não renovará sua matrícula para o próximo ano letivo. A motivação é um fator essencial para que ocorra a aprendizagem, mas essa vontade tem que vir de dentro. É inútil o professor trazer para a sala de aula materiais didáticos diversos e usar todo tipo de tecnologia se o aluno não se sentir motivado a usá-los para construir conhecimentos. Pode até haver um entusiasmo inicial com as novidades, mas o tempo fará com que o uso dessas novidades se torne mecânico e desinteressante.

Exemplo: o aluno envolvido em projeto de aprendizagem sobre como funcionam os foguetes certamente irá resolver os problemas que surgirem sem perceber que está trabalhando a matemática, pois estará intrinsecamente motivado, estará totalmente entregue à resolução do projeto.

Nenhuma situação exterior é, em si mesma, interessante, desafiadora, fácil ou difícil. Tudo depende da forma como o aluno a assimila e, quando o professor não tem conhecimento de tal forma de assimilação, ocorre o desinteresse e a falta de motivação. Assim, independentemente da área, disciplina ou região em que se ensina ou se estuda, qualquer aluno precisa de motivação para que seja bem-sucedido academicamente.

Além dos fatores pessoais e profissionais, os estudantes também podem contar com o papel que o professor desempenha nas suas rotinas escolares para encontrar maior determinação e manter a disciplina.Neste sentido, a orientação do professor é muito importante para que os objetivos de cada aula sejam alcançados. Ainda assim, é preciso dar liberdade e algum controle da rotina aos alunos para que não sintam que tenham a obrigação de fazer o que é proposto. Essa sensação de obrigação afasta os alunos do prazer da aprendizagem e dos seus benefícios.

É importante, também, definir para os alunos quais os objetivos do conteúdo que será ensinado, ou da tarefa que foi pedida, para ajudá-los a entender que as notas não são a única coisa importante nos estudos, mas que estes têm um objetivo em si.

O professor também deve evitar motivar os alunos valendo-se do medo e de ameaças, deixando claro que a cada ação ou omissão corresponde uma reação ou consequência. Ou seja, se não estudar, dificilmente o aluno assimilará o conteúdo, adquirirá conhecimento e será bem sucedido na avaliação.

Outra maneira de estimular a motivação nos alunos é ensinar de várias formas, ou seja, proporcionando aos alunos experiências variadas, pois não há apenas uma maneira de aprender. Os alunos se interessarão pelo conteúdo à medida que forem estimulados por ele. Na busca pela melhor metodologia para cada estudante, o professor deve oferecer diferentes experiências educacionais.

Estimular a competitividade positiva e equilibrada em sala de aula de forma casual também contribui para a motivação dos alunos, pois é importante que eles se sintam desafiados, mas é preciso que saibam que o objetivo proposto pode ser alcançado com dedicação, ou seja, o professor deve estabelecer metas altas, mas que podem ser alcançadas.

É bom oferecer-lhes algo que seja de seu interesse, como forma de recompensa, pois irá ajudá-los a serem mais esforçados e a encontrarem motivação para se concentrarem nos estudos com diligência. O professor não pode esquecer, porém, de reconhecer os méritos dos que se esforçaram para alcançar o objetivo proposto, pois a frustação e a falta de incentivo rapidamente se sobreporão ao que foi conquistado.

O professor também pode estimular a responsabilidade dos alunos em relação aos estudos e ao futuro profissional que terão de acordo com os esforços acadêmicos, como forma de estimular seu interesse e motivação. Outra atitude dentro de sala de aula, que pode estimular a motivação dos alunos, é a proposição de trabalhos em equipe que trazem dinâmica e interação para o grupo.

Muitos alunos são controlados pelo medo e pela ansiedade em provas, ou outras avaliações ou desafios, e desistem antes mesmo de tentar. O professor pode motivá-los a prosseguir, ajudando-os a se desenvolver controlando essas emoções.

A posição do professor com relação às avaliações, provas e trabalhos dos alunos deve se dar de maneira construtiva para que eles se sintam motivados a melhorar nas próximas oportunidades. Portanto, em lugar de crítica, o professor deve fazer uma análise construtiva.

Aprender de forma divertida é sempre mais fácil. O professor deve procurar, sempre que possível, incluir a diversão e a dinâmica em seu ensino para que os alunos tenham mais ânimo no processo de aprendizagem.

Por fim, mas não taxativa e sim exemplificativa, o professor pode oferecer oportunidades para o sucesso dos alunos, pois, ao perceberem que poderão ser bem-sucedidos, eles estarão mais motivados a se dedicar para obter o que desejam.

8. A afetividade do aluno

O afeto desempenha um papel essencial no funcionamento da inteligência. Sem afeto não há interesse, nem necessidade, nem motivação, pois é nessa interação afetiva que se desenvolvem os sentimentos positivamente ou negativamente e se constrói a autoimagem. A afetividade aqui está colocada no sentido de o aluno se entregar, estar envolvido e mobilizado para aprender algo, pois ele não estará envolvido somente intelectualmente, mentalmente, mas totalmente no processo.

Também a afetividade denotando simpatia e afeição é muito importante no processo do ensino-aprendizagem, pois se o aluno não se envolve de forma afetiva com o professor, dificilmente se envolverá em um projetos ou em trabalhos propostos e coordenados por este, prejudicando assim a aprendizagem. Observa-se nas salas de aula que professores que interagem com os alunos de uma forma mais próxima e afetiva são os que mais contribuem para a construção do conhecimento destes.

Por isso, é importante que o professor conheça seus alunos. Cada um deles é um indivíduo cheio de peculiaridades e características, não se pode esperar o mesmo resultado de todos. Se possível, o professor deve conhecer pelo menos um interesse de cada aluno, pois essa é uma ótima forma de criar e estimular as relações entre o que é abordado em sala de aula e chamar atenção para o que poderia incentivá-los de maneira mais personalizada.

O professor também pode encorajar seus alunos à reflexão. Muitos desejam alcançar os seus objetivos acadêmicos, mas a maioria não sabe como conseguir o melhor de si mesmos para tal. O professor que busca interagir com seus alunos pode ajudá-los nessa descoberta ao encorajar a reflexão e a análise pessoal das suas características e estilo de estudo.

O professor deve empenhar-se em cativar o aluno e depois solidificar os laços de afetividade que são insubstituíveis e não podem estar ausentes no processo de ensino-aprendizagem, seja qual for a faixa etária.

PARA SABER MAIS! O texto "Marketing Educacional: aluno é cliente?" traz o ponto de vista do professor a respeito do aluno-cliente. A leitura é recomendada. Disponível em: <http://itosiqueira.blogspot.com.br/2006/12/marketing-educacional-aluno--cliente.html>. Acesso em: 11 fev. 2015.

9. A sala de aula como ferramenta de marketing

Além de professores preparados e motivados a manterem relacionamentos motivacionais duradouros com os alunos, o ambiente da sala de aula também precisa ser preparado para recebê-los e para que essa experiência possa acontecer de fato.

Assim, na sala de aula, conforto, número adequado de lugares, boa visibilidade, acústica, temperatura ambiente e bons equipamentos são parte de estratégia de marketing para um aprendizado eficiente. O aluno vai se sentir bem melhor e assim mais suscetível ao aprendizado, se estiver em uma sala de aula com a capacidade exata de estudantes e não em uma sala de aula onde cabem 20 pessoas, mas estudam 30. Da mesma forma, é necessário que de todos os assentos reservados para os alunos haja boa visibilidade do local onde o professor ministra

suas aulas. A acústica também é importantíssima, principalmente em salas de aula grandes ou compridas. A instituição de ensino precisa se certificar de que os alunos das últimas fileiras compreendam perfeitamente o que é transmitido pelo professor.

E nem é preciso falar na temperatura ambiente. É praticamente impossível que um aluno possa se concentrar no que lhe é transmitido em aula se estiver um calor de 40 ou um frio de 5 graus *Celsius* na sala de aula. É necessário que as escolas se preparem para isso também, pois todos estes detalhes podem impactar o processo de escolha por uma nova escola ou a decisão de rematrícula.

A sala de aula é um bom ambiente para o ensino e a aprendizagem, mas a educação não deve ficar presa apenas entre as quatro paredes do ambiente. Sempre que possível, passeios educativos ou até mesmo a troca de salas podem ajudar os estudantes a se sentirem mais focados.

Sabemos que manter a sala de aula com toda infraestrutura necessária acarreta um custo. Com todos os equipamentos multimídia necessários, é preciso um bom investimento para compor esse cenário. É importante, como já foi mencionado, atender às necessidades de conforto e bem-estar do cliente e somar alguns desejos específicos de cada Instituição de Ensino. Um serviço educacional bem elaborado faz parte do bom marketing em sala de aula e contribui para a decisão do cliente de escolha pela instituição ou de permanência nela.

Segundo uma estatística citada frequentemente, conquistar um novo cliente custa cinco vezes mais que manter um cliente já conquistado. Por isso, construir vínculos duradouros com os clientes, investindo na preparação e valorização do professor, para que este exerça seu papel incentivador e motivador na vida dos alunos, e gerar a satisfação destes proporcionando conforto e bem-estar na sala de aula, dentre outras coisas, resulta em maiores lucros para a instituição de ensino.

Da mesma forma, a confiança na instituição, por parte dos alunos, conquistada a partir do investimento no relacionamento com estes, gera lucratividade, pois alunos que confiam na escola ou universidade não só estão mais propensos a retornar para a realização de outros cursos, mas também indicam a instituição para parentes e amigos, resultando na redução de custos com a captação.

Glossário – Unidade 3

Burnout – tipo de estresse ocupacional que acomete profissionais envolvidos com qualquer tipo de cuidado em uma relação de atenção direta, contínua e altamente emocional. Suas consequências são: exaustão emocional, despersonalização e baixa realização pessoal no trabalho.

Composto de marketing – conjunto de ferramentas que a empresa utiliza para atingir seus objetivos de marketing no mercado-alvo. Os 4 P's do Composto de Marketing são produto, preço, promoção e praça.

Endomarketing – utilização de ações de marketing voltadas para o público interno das empresas.

Hora-atividade – hora-atividade é o momento extraclasse, dentro da jornada de trabalho docente, considerado para planejamento, estudos e formação continuada dos professores. Nesse sentido, faz parte das condições de trabalho necessárias para os professores desenvolverem suas funções.

Marketing de relacionamento – permite que empresas mantenham relacionamento estreito/parceria com seus clientes e com isso consigam a lealdade dos mesmos. Uma filosofia que visa a fidelizar seus clientes.

Paradigma – modelo, padrão a ser adotado.

Pesquisa de opinião – é a coleta de dados que objetiva medir atitudes e captar a opinião das pessoas sobre temas diversos.

Share of heart – percentagem de participação de uma marca no coração (parte emocional) do consumidor.

UNIDADE 4
A PROPAGANDA COMO PODER DE MERCADO

Capítulo 1 Comunicação, 78

Capítulo 2 Propaganda, 79

Capítulo 3 Objetivo da propaganda, 81

Capítulo 4 Classificação dos objetivos, 81

Capítulo 5 Orçamento da propaganda, 81

Capítulo 6 Campanha de propaganda, 82

Capítulo 7 Escolha da mídia, 84

Capítulo 8 Os principais tipos de mídia, 86

Capítulo 9 Opções diferentes de propaganda, 88

Capítulo 10 Benefícios da mídia alternativa, 89

Capítulo 11 *Timing* de mídia, 91

Capítulo 12 Eficiência da propaganda, 91

Capítulo 13 Composto de comunicação, 93

Glossário, 98

Referências, 99

1. Comunicação

A comunicação é um fator de suma importância no marketing educacional, representando um dos compostos do marketing (o P da Promoção), mas é insuficiente para resolver problemas como serviços ruins, preços errados e localização inadequada: é necessário ter o que comunicar.

É essencial que as mensagens emitidas por uma escola estejam em consonância com o seu posicionamento e as suas escolhas estratégicas. Instituições de ensino com posicionamento focado em altos preços e que enfrentam a situação de uma diminuição no número de matrículas costumam apresentar campanhas de comunicação agressivas.

Essa atitude acaba por melindrar os vários públicos da instituição, como pais, professores e alunos, além de deteriorar a construção de sua marca. Também essa atitude não traz resultados que justifiquem sua implementação, pois o mercado precisa de tempo para entender uma mudança de rumo adotada por uma escola, e ações isoladas mais prejudicam que trazem benefícios. Um número considerável de instituições de ensino ainda está preso à comunicação de mensagens sem relevância para seu público. Essa situação ocorre por duas razões: a escola desconhece o que gera valor para seu público de interesse e não medita sobre suas escolhas estratégicas; e a escola comunica pontos que não a diferenciam do mercado.

Para sanar essa dificuldade, é necessário que as instituições de ensino recorram ao plano de comunicação. Os principais objetivos de um plano de comunicação para uma instituição de ensino são:

a) conservar ou amplificar sua imagem no mercado e junto aos públicos de interesse;

b) permitir que o mercado tenha acesso às informações sobre suas ofertas;

c) atrair possíveis estudantes e fomentar inscrições e matrículas; e

d) retificar informações equivocadas sobre a escola, que circulam no mercado.

Após o estabelecimento do plano, sua implementação se dá por meio de uma campanha de comunicação que pode ocorrer a partir das técnicas de propaganda. Sobre essa técnica, estudaremos a seguir.

2. Propaganda

A propaganda nada mais é que um meio de comunicação entre a instituição de ensino e o mercado. É a propaganda uma das cinco formas do composto de comunicação que, combinadas, criam a estratégia geral de comunicação em marketing. As demais formas do composto de comunicação são: promoção de vendas, relações públicas, venda pessoal e marketing direto.

A propaganda é qualquer forma paga de apresentação não pessoal e promocional de ideias, bens ou serviços por um patrocinador identificado (Kotler, 2006). Sempre que falamos de propaganda, logo nos vem à mente a ideia de anúncios. Os anúncios são uma maneira lucrativa de disseminar mensagens, seja para desenvolver nas pessoas a predileção por uma marca, seja para ensiná-las.

Há várias formas de se lidar com a propaganda. Uma delas é a existência de uma área dentro da empresa ou instituição de ensino que cuide especificamente disso. Outra é a contratação de uma agência externa de propaganda. As duas formas apresentam vantagens e desvantagens.

A escolha de uma agência externa de qualidade e bem estruturada significa contar com profissionais de comunicação de bom padrão, capacitados para enxergar o possível problema da empresa/instituição de ensino "por outro ângulo", propondo soluções novas e criativas para velhas questões. Agências assim têm ao seu dispor departamentos de planejamento, atendimento, mídia e criação bem organizados, com várias ferramentas essenciais, como pesquisas de mídia e hábitos de consumo de vários mercados-alvo, pessoas qualificadas para o acompanhamento da divulgação dos anúncios nos veículos e espaços contratados, além de buscarem permanente treinamento e atualização de seu pessoal. Os profissionais de agências externas também tendem a ser mais inovadores e dinâmicos, pois trabalham com vários clientes.

A desvantagem das agências externas está no tempo de resposta e de produção de uma campanha ser maior do que se a atividade fosse produzida internamente, na instituição. Além disso, o custo de uma campanha tocada por uma agência externa pode ser mais elevado. Geralmente essas agências são remuneradas por todas as peças criadas, além de receberem uma quantia sobre o total investido em mídia e na produção das peças produzidas por terceiros (gráficas, fotógrafos etc.).

A opção por agências internas, ou seja, uma área dentro da instituição que cuide das campanhas de propaganda, apresenta a vantagem de tempos de resposta mais curtos na produção, bem como custos mais acessíveis. Todavia, sempre contar com a mesma equipe pode tornar as campanhas menos inovadoras ao longo do tempo. Há o risco de rotina das campanhas e da contratação de profissionais pouco gabaritados. Ter profissionais de primeira linha em uma agência interna representa um alto custo frente ao benefício da velocidade no desenvolvimento das campanhas – esse benefício pode não compensar o investimento, pois bons profissionais custam muito caro.

Seja qual for a agência escolhida, o departamento responsável tem a tarefa de propor um orçamento, desenvolver uma estratégia de propaganda, aprovar anúncios e campanhas por mala direta, *displays* de revendedores e outras formas de propaganda.

Para se desenvolver um programa de propaganda, é preciso identificar o público-alvo e os motivos que fazem com que o cliente se interesse em comprar o produto ou serviço. A identificação desse público deve ser clara: serão os pais ou os alunos? Serão os alunos ou professores? Por exemplo, pais buscam informações diferentes de alunos e normalmente empresas precisam de mais detalhes sobre cursos e processos de customização de ementas do que a respeito das instalações.

Depois de estabelecido o público-alvo, é necessário tomar algumas decisões a respeito de qual o objetivo da propaganda e quanto será gasto, além de determinar qual mensagem será difundida e por quais mídias. Por fim, deve ser decidido como serão avaliados os resultados. Veremos agora cada uma das decisões que precisam ser tomadas a fim de garantir a finalidade da propaganda.

3. Objetivo da propaganda

Os objetivos da propaganda têm relação direta com o estabelecimento do público-alvo, do **posicionamento da marca** e do programa de marketing e são classificados de acordo com a finalidade, que pode ser: informar, persuadir, lembrar ou reforçar.

4. Classificação dos objetivos

I) Informação

A propaganda informativa tem o objetivo de tornar a nova marca conhecida. Todavia, deve-se tomar cuidado para não provocar nos clientes uma aversão à marca por excesso de propaganda. É o caso das propagandas consideradas chatas.

II) Persuasão

A propaganda persuasiva busca criar empatia, predileção e a aquisição do produto ou serviço. Em alguns casos, a propaganda persuasiva pode usar a comparação entre duas ou mais marcas, tentando convencer o cliente de que uma marca é melhor que a outra.

III) Lembrança

A propaganda de lembrança propõe o estímulo da compra de produtos e serviços.

IV) Reforço

A propaganda do reforço procura convencer os clientes de que fizeram a escolha certa.

O objetivo da propaganda deve ser resultado de uma verificação completa da situação atual do mercado.

5. Orçamento da propaganda

Definido o objetivo da propaganda, é necessário partir para o quanto vai se gastar com ela. Lembrem-se de que nas unidades anteriores mencionamos que as instituições de ensino muitas vezes gastam grande parte de seu orçamento em propaganda. Às vezes, de forma errada. Mas pode ser que uma instituição de ensino ou uma empresa destinem verba de menos para esta área.

Ainda que a propaganda seja tratada como despesa, parte dela é um investimento na construção do **brand equity**. Falando contabilmente, enquanto outros custos podem ser amortizados por um período maior de tempo, o custo com propaganda deve ser todo debitado do lucro de uma empresa no primeiro ano e isto limita o gasto com este item importante do marketing.

Para o cálculo do orçamento com propaganda deve ser levado em consideração o estágio no ciclo de vida de um produto ou serviço. Se for um serviço ou produto novo, o orçamento deverá ser maior que para aquele produto ou serviço já conhecido.

Também deve ser levada em consideração, no cálculo do orçamento com propaganda, a participação da marca no mercado e sua base de consumidores. Marcas com maior participação de mercado tendem a gastar menos com propaganda porque já são bem conhecidas. Então, manter essa participação utilizando a propaganda acaba custando menos. Por outro lado, marcas menos conhecidas no mercado têm um custo maior com propaganda se quiserem aumentar sua participação.

Dependendo do tipo de mercado, se a concorrência é grande e há gastos pesados com propaganda, a empresa/instituição de ensino precisa anunciar fortemente para se tornar conhecida ou permanecer na lembrança dos clientes. Isso também deve ser levado em consideração no momento do levantamento do orçamento para propaganda, bem como a frequência com que a mensagem do produto ou serviço será divulgada, pois a quantidade de inserções da propaganda impacta significativamente seu orçamento. É bom considerar a importância da propaganda quando uma marca pode oferecer vantagens exclusivas.

Ainda com relação ao orçamento para a propaganda e os demais planos de comunicação, existem várias formas de fixação do montante. Algumas escolas escolhem seguir a concorrência, e seus investimentos podem ser estimados a partir de dados de institutos de pesquisa como o Ibope. Outras estabelecem uma quantia de investimento para que sejam lançados novos cursos ou *campi*, em caso de instituições de ensino superior, e fixam uma redução para o período após o lançamento e para quando esses cursos de fato iniciarem suas aulas. Essa quantia é obtida dividindo o valor do investimento pela receita bruta ou líquida esperada. A partir daí, é possível avaliar a viabilidade da verba frente às possibilidades da receita.

6. Campanha de propaganda

Na fase de desenvolvimento da campanha de propaganda há dois momentos distintos que precisam ser definidos: o que o anúncio pretende transmitir sobre a marca, ou a estratégia da mensagem, e como o anúncio comunica os benefícios da marca, que é a estratégia criativa ou de criatividade.

Para desenvolver a estratégia da mensagem, o anunciante percorre três ciclos:

a) criação e avaliação;

b) desenvolvimento e aplicação criativos; e

c) avaliação da responsabilidade social.

É preciso refletir sobre como alcançar os objetivos propostos no desenvolvimento da mensagem, pois esta pode ser altamente impactante e não levar o público à compra de um produto. Muitas escolas investem fortemente no desenvolvimento de campanhas criativas que, quando veiculadas, conseguem chamar a atenção do mercado em geral. Apesar de se recordar da campanha, o público não toma uma decisão positiva em relação ao que foi anunciado. É fundamental, portanto, compreender o que é relevante para o público antes da preparação da mensagem.

É importante ter em mente que para que um anúncio seja bom, deve focar ideias principais de venda. Com o objetivo de refinar a posição da marca, o anunciante deve lançar mão de uma pesquisa de mercado para determinar qual apelo funciona mais adequadamente entre o seu público-alvo. Em suma, para ter certeza de que uma campanha atende aos desejos e necessidades dos consumidores, realizam-se pesquisas antes da preparação da mensagem e após sua conclusão, como um pré-teste antes de divulgá-la no mercado. Os grupos de discussão são uma boa alternativa na aferição da adequação da mensagem ao público-alvo.

Ao encontrar o apelo persuasivo, o anunciante deve preparar um **briefing** criativo e todos os que trabalham na campanha precisam "comprar" a ideia, ou seja, acreditar no que foi criado antes de realizar o investimento no anúncio. Quanto mais temas alternativos de anúncios criados, maior a probabilidade de se chegar a um anúncio excelente.

O impacto do anúncio depende não só do que é dito, mas muito mais de como é dito. Por isso, a aplicação ou execução da mensagem é decisiva para o sucesso da propaganda. Assim, após a definição do que será comunicado, é preciso definir o formato da comunicação. Há campanhas que se valem de uma comunicação calcada em atributos funcionais da escola, demonstrando diferenciais como infraestrutura, professores selecionados e com experiência de mercado e currículo da coordenação acadêmica. Outras campanhas estão alicerçadas em benefícios ligados ao prazer e mostram o *campus* com os alunos felizes em momentos de descontração, focando aspectos como o ambiente familiar ou ambiente para fazer amigos. Tais instituições estão focadas nos benefícios emocionais que uma escola pode oferecer.

É possível, ainda, selecionar campanhas que elejam temas ligados a um ideal, como aprovação garantida no vestibular, maior índice de aprovados no ENEM etc. Qualquer que seja o formato da mensagem, esse formato precisa estar alinhado com os objetivos da instituição e com o grau de aprendizagem do público-alvo.

Ao preparar uma propaganda, o anunciante precisa também levar em consideração os riscos à responsabilidade social envolvidos, tomando todas as precauções para que não haja infração a qualquer legislação ou norma legal e social, como propaganda enganosa, que induza o cliente ao erro, que seja discriminatória ou racista etc.

No Brasil, o Código de Defesa do Consumidor (CDC), Lei n. 8.078/90, em seu artigo 37, proíbe toda **publicidade** enganosa ou abusiva. Também há leis que regulam a publicidade destinada às crianças, como a própria Constituição da República Federativa do Brasil, o Estatuto da Criança e do Adolescente (Lei n. 8.069/90), o já citado CDC e o Código Brasileiro de Autorregulamentação Publicitária em que se baseia o Conselho Nacional de Autorregulamentação Publicitária (CONAR), que tem como missão impedir que a publicidade enganosa ou abusiva provoque constrangimento ao consumidor e defende a liberdade de expressão comercial. Este conselho, dentre outras funções, recebe e averigua denúncias de propaganda que podem não estar de acordo com a legislação pertinente.

*P**ARA SABER MAIS! Sobre a autorregulamentação da publicidade, acesse: <http:// www.conar.org.br/>. Acesso em: 2 mar. 15.*

Apesar de serem importantes os esforços no desenvolvimento de planos de comunicação e propaganda, também é essencial entender que o ser humano não se movimenta apenas por aspectos racionais. Por mais cara que seja uma decisão de compra, sendo ela pessoal, terá fortes aspectos emocionais associados aos racionais no cálculo de custo e benefício.

É bom destacar que, após uma tomada de decisão, sempre buscamos racionalizar nossa escolha, sempre nos apegamos a benefícios concretos e objetivos daquilo que compramos para justificar nossa escolha.

7. Escolha da mídia

Agora que já foi definida a estratégia da mensagem ou o que o anúncio pretende transmitir sobre a marca, é necessário passar à fase como o anúncio comunicará os benefícios da marca, que é a estratégia criativa. Nesta fase, escolhe-se a mídia para transmissão da mensagem e é preciso tomar decisões sobre a cobertura, a frequência e o impacto da mensagem, além de definir os veículos de comunicação específicos e determinar o *timing* da mídia (esse termo será abordado ainda nesta unidade) e sua distribuição geográfica.

É preciso encontrar a mídia mais eficiente, em termos de custo, para oferecer o tipo e a quantidade de exposições desejadas ao público-alvo.

ATENÇÃO! Mídia, só para lembrar, é a designação dos meios de comunicação social e impessoal, que incluem a mídia impressa (jornais, revistas, mala direta), a mídia falada (rádio, televisão) e a eletrônica (outdoors, cartazes e posters).

A cobertura, a frequência e o impacto da mensagem são variáveis utilizadas que representam respectivamente o número de pessoas ou famílias diferentes expostas a determinada programação da mídia ao menos uma vez, durante um período de tempo específico; o número de vezes ao longo de determinado período em que uma pessoa ou família é exposta à mensagem em média; e o valor quantitativo de uma exposição em determinado meio. Essas variáveis, combinadas, chegam à quantidade de exposições necessárias para se atingir o objetivo da propaganda.

É necessário elaborar a combinação mais lucrativa entre essas variáveis. A cobertura, por exemplo, é mais importante quando se vai lançar um novo produto ou quando se busca um público-alvo definido. A frequência, por sua vez, é mais importante quando o produto tem fortes concorrentes ou quando há alta resistência do consumidor a ele.

A quantidade grande de repetição de exposições, apesar de ser justificada em razão do esquecimento, pode causar efeito reverso: provocar irritação no público ou até mesmo seu desprezo. Além do mais, somente a repetição não é o bastante, pois anúncios velhos não têm mais a atenção do público. É necessário sempre haver novas apresentações.

As campanhas de propaganda, normalmente, se valem de mídias pagas como internet, televisão, rádios, jornais, revistas, cinema, outdoors e mídias exteriores em geral, que são divulgadas a partir de contratos firmados com os veículos de comunicação. Com esses contratos, mediados pela agência de propaganda que desenvolve o plano, são acertados os locais de divulgação dos comerciais, bem como o número dessas inserções. É o próprio cliente quem determina as datas em que as divulgações deverão ocorrer.

É fundamental o cuidado na definição das mídias que serão utilizadas, pois deve haver a consciência de que uma mídia sozinha quase nada pode fazer em um plano de comunicação. Além disso, é necessário ter a certeza de que o público-alvo será suficientemente impactado pela mensagem a ponto de ela ser absorvida de forma satisfatória. Outro ponto a ser destacado é o fato de a propaganda não possuir o poder de manipular as pessoas, existindo uma enorme distância entre a instituição de ensino ser conhecida ou se tornar conhecida e a ocorrência da opção por ela.

Não se escolhe uma escola como se decide em que restaurante jantar. A escolha por uma escola e mesmo por um curso é uma tarefa complexa, pois é feita com pouca frequência e envolve riscos, apresentando diferenças significativas entre as opções. Com a dificuldade para avaliar serviços (em especial os de educação, em decorrência de sua natureza de conhecimento), o comprador sabe muito pouco sobre aquilo que está adquirindo, ou seja, a avaliação se dá de forma mediata e esta decisão constitui um grande investimento de tempo e dinheiro, influenciando de forma intensa o futuro dos consumidores.

As compras complexas não ocorrem por acaso. Em primeiro lugar, o comprador começa a acreditar na instituição, desenvolvendo crenças sobre ela. A partir daí, o consumidor passa a avaliar de forma geral a escola e, então, começa um processo crítico a respeito dela, frente aos objetivos do indivíduo. Na terceira etapa, o comprador faz uma escolha cuidadosa, subsidiada por informações colhidas no mercado.

Além de ser um processo mais racional que a decisão por qual prato pedir em um restaurante, a escolha de uma instituição de ensino ainda apresenta muitos fatores emocionais. Por isso, é no mínimo incoerente que as instituições de ensino esperem que esforços de curto prazo revertam suas imagens e mesmo aumentem seu número de matrículas. Alguns gestores educacionais até desanimam diante de um cenário de estagnação ou até mesmo diminuição de captação de alunos. Diante dessa situação, tais gestores procuram agências de propaganda dispostos a extrapolar o orçamento, na esperança de que mudanças nos planos de comunicação possam trazer resultados para os próximos meses.

Mesmo em instituições de ensino superior, nos casos de lançamentos de novos cursos ou novos *campi*, essa projeção não se realiza dessa forma. Projetos de comunicação com *stakeholders* importantes em determinado setor ou região devem preceder qualquer trabalho com comunicação de massa. Esse tipo de abordagem leva tempo para ser desenvolvido e para começar a render frutos.

8. Os principais tipos de mídia

Para se chegar aos níveis de cobertura, frequência e impacto desejados para uma propaganda, é necessário conhecer as habilidades dos principais tipos de mídia, bem como os benefícios e desvantagens em fazer uso delas, pois atualmente, dados os vários canais para se comunicar com consumidores potenciais, já não basta reservar uma parte do orçamento para divulgar uma campanha na mídia televisa ou impressa. Há um grande fracionamento e diluição das audiências de meios que historicamente concentraram grande parte da população.

A internet, as revistas especializadas e os canais de televisão segmentados são algumas das opções de mídia que estão ao alcance dos consumidores, e é imprescindível contar com a colaboração de profissionais que dispõem de instrumentos de pesquisa que oferecem dados sobre a adequação dos vários espaços de mídia ao público-alvo e mesmo à audiência de cada um desses espaços.

Além das mídias tradicionais, um plano de comunicação baseado em relações públicas pode escolher mídias pessoais para divulgação de uma informação, como, por exemplo, uma escola pode eleger formadores ou líderes de opinião para divulgar determinada informação. Abordaremos o conceito de relações públicas mais adiante.

Conforme já foi abordado, ao selecionar um canal para difundir sua mensagem, a escola precisa estar atenta à abrangência desse canal e sua credibilidade junto ao segmento-alvo.

O quadro abaixo apresenta as mais importantes mídias, bem como seus benefícios e desvantagens.

Quadro 1 – Tipos importantes de mídia

Mídia	Benefícios	Desvantagens
Folder	Mensagens de alto impacto	Custos podem fugir do controle
Informativos	Custos relativos baixos, alta seletividade	Custos podem fugir do controle
Internet	Custo relativamente baixo	Alcance de público muito grande
Jornal	Boa cobertura, alta credibilidade	Qualidade de reprodução baixa, pequeno alcance de público
Mala direta	Seleção do público, ausência de concorrência na mídia	Custo alto, personificação da correspondência inútil
Outdoor	Baixo custo, baixa concorrência, grau de exposição alto	Alcance de público muito grande, criatividade limitada
Rádio	Custo baixo, alta seleção geográfica e demográfica	Exposição temporária, Menor grau de atenção
Revista	Seleção geográfica e demográfica e qualidade de reprodução altas, credibilidade	Não há garantia de posição, compra do espaço muito antecipada
Telefone	Personalização, público alto	Custo relativo alto
Televisão	Repetição e cobertura altas, apelo aos sentidos	Custo altíssimo, exposição temporária, alcance de público muito grande

O planejador da mídia, ao escolhê-la, leva em consideração algumas questões, como: quais são os hábitos de mídia do público-alvo, quais as características do produto/serviço, pois cada mídia tem um potencial diferente de demonstrá-lo, quais as características da mensagem e qual o custo.

Considerando a enorme variedade de mídias, o planejador deve alocar os recursos entre as principais delas, levando-se em consideração que as pessoas têm cada vez menos tempo e são expostas a cada dia a diversas mensagens vindas das mais variadas mídias a que têm acesso. Com a escassez de tempo, a atenção do consumidor torna-se cada vez mais cara e rara e cabe aos anunciantes o esforço grande na captação de seu público.

9. Opções diferentes de propaganda

Durante longos anos, a mídia televisiva reinou entre os meios de mídia. Nos últimos anos, porém, houve uma redução da eficiência da televisão como meio de transmissão da mensagem, em razão da multiplicação de comerciais em suas telinhas do advento do controle remoto que permite ao telespectador trocar de canais no momento das inserções comerciais e também em decorrência da queda da audiência provocada pelo advento dos canais pagos, ou da chamada TV fechada.

Os custos com propaganda em televisão também aumentaram em proporção maior que as demais mídias, fazendo com que os planejadores de mídia buscassem outros meios para anunciar, recorrendo a propagandas externas, que captam diversas formas alternativas de anunciar. São realizados anúncios criativos e pitorescos com o objetivo de atrair a atenção dos consumidores, pois é mais fácil atingir as pessoas em ambientes externos, como locais de trabalho, de lazer e de compras. Vejam algumas opções de mídias externas:

a) outdoors: propaganda ao ar livre por meio de pôsteres, cartazes etc., podendo se dar em grandes espaços localizados na parte superior das ruas, avenidas e logradouros de intensa passagem de pedestres ou viajantes, ou em veículos. São as variações que conhecemos com busdoors, taxidoors e outros;

b) espaços públicos: os anunciantes têm usado cinema, salas de aula, estádios de esportes, elevadores de prédios não residenciais, pontos de parada de ônibus, interiores de transportes coletivos, latas de lixo, esteiras e carrinhos de bagagens de aeroportos, todos locais e posições com grandes aglomerações de pessoas; e

c) merchandising: é a ferramenta de comunicação de marketing utilizada no ponto de venda (definição adiante) e em espaços editoriais para reforçar mensagens publicitárias, ou seja, normalmente o anunciante paga um valor para que seu produto ou serviço apareça em programas de televisão ou em filmes no cinema. Há ainda empresas que nada desembolsam para aparecer em filmes ou programas ou ainda novelas de televisão mas fornecem seus produtos. Há ainda as ações de merchandising totalmente gratuitas quando uma marca tem o sortilégio de ser incluída em um roteiro de filme ou de programa de televisão.

Há, ainda, a utilização dos logotipos virtuais das marcas, inseridos, pelas emissoras de televisão, nos jogos transmitidos ao vivo. Quem está nos estádios não percebe a ação, mas os telespectadores têm a sensação de que os logotipos estão pintados nos estádios.

Os informes publicitários, muitas vezes confundidos com matérias nas revistas semanais ou mensais, também constituem uma ação alternativa à propaganda e anúncios impressos que fornecem conteúdo editorial que favorece a marca do anunciante.

Além disso, há os pontos de venda, ou locais onde o consumidor compra o produto ou serviço, são um ótimo local para a comunicação com os consumidores. No caso específico das instituições de ensino, os pontos de venda são todas as dependências da escola. Os murais afixados nos corredores das instituições de ensino podem comunicar a mensagem que precisa alcançar os clientes-alunos. Já nos locais frequentados pelos pais também, como as salas de secretaria, auditórios etc., pode haver a exposição da comunicação adequada para esses clientes. A escola pode comunicar, por exemplo, novas modalidades de esportes que estão disponíveis para os alunos, ou ainda outras atividades extraclasse, objetivando o aumento de alunos matriculados nesses segmentos. Nas escolas que primam por boas colocações em *rankings* de aprovação no ENEM e vestibulares, é possível divulgar, nestes espaços, informações relativas à posição da instituição.

10. Benefícios da mídia alternativa

A mídia alternativa configura uma excelente opção de marketing, pois os anúncios podem ser divulgados em qualquer local em que o público-alvo esteja ou por ali transite, mesmo que seja por um curtíssimo espaço de tempo, o suficiente para que o anúncio seja percebido. O principal benefício da chamada mídia não habitual ou alternativa é que um determinado público pode ser atingido a um custo relativamente baixo. Mas a mensagem precisa ser direta e simples. Este tipo de propaganda, a propaganda externa, é estratégica no aperfeiçoamento da percepção da marca e no reforço de sua imagem.

O x da questão no caso das mídias alternativas é comprovar seu alcance e eficácia através de pesquisas fidedignas e autônomas. É preciso avaliar tais estratégias tendo em vista o quanto elas contribuem para o *brand equity*. Também é preciso tomar cuidado para que tais anúncios não saturem os clientes. Em última análise, o orçamento de marketing com mídias não habituais se justifica se o consumidor de alguma maneira se sensibilizar de forma positiva com as estratégias.

Veículos específicos

Dentro de cada meio escolhido para veicular a mensagem, é preciso que o planejador de mídia encontre os veículos mais adequados ao orçamento destinado para esse fim.

Exemplo: um anunciante que queira adquirir 15 segundos de propaganda em rede de televisão poderá pagar um valor X para aparecer em um programa novo, 4X para aparecer no horário nobre e mais de 2000X para surgir no meio de um jogo clássico televisionado entre o flamengo e o fluminense valendo o campeonato brasileiro.

Mais uma vez, antes de decidir sobre os veículos, o profissional precisa estar ciente da avaliação da mídia e saber qual o tamanho e de quem é composto o público, além dos custos envolvidos. O quadro abaixo demonstra como o público é avaliado de acordo com o seu tamanho:

Quadro 2 – Pesquisa sobre o tamanho da mídia

Avaliação do público			
Circulação	**Audiência**	**Audiência Acumulada**	**Audiência exposta ao anúncio de fato**
Quantidade de unidades físicas que divulgam o anúncio	Quantidade de pessoas expostas ao veículo	Quantidade de pessoas com atributos do público-alvo expostas ao veículo	Quantidade de pessoas com atributos do público-alvo que de fato viram o anúncio

Os planejadores de mídia calculam o custo de mil pessoas atingidas por um veículo. E várias ponderações devem ser feitas com relação a esse cálculo. Deve ser considerada a qualidade da audiência, o valor de exposição dever estar adequado à propensão de atenção do público e também devem ser avaliados o prestígio e a credibilidade do veículo. Atualmente, os planejadores de mídia se utilizam cada vez mais da matemática para chegar ao melhor *mix* de mídia.

11. *Timing* de mídia

Podemos dizer que o *timing* de mídia é o período de tempo ou a ocasião em que a propaganda será veiculada. Em que meses ela será anunciada. Será durante o ano todo ou apenas em um período? No caso das instituições de ensino, em se tratando de captação de alunos, o ciclo de negócios é sazonal, pois o período de matrículas não ocorre o ano inteiro, mas em determinados meses. O anunciante precisa portanto programar a propaganda para acompanhar essa sazonalidade.

O modelo de *timing* deve se ater a três elementos. O primeiro deles é a rotatividade do comprador, que determina a taxa de novos compradores no mercado. O segundo elemento a ser observado é a regularidade da compra que mensura a quantidade de vezes em determinado espaço de tempo em que o comprador médio compra o produto. E, por fim, o terceiro elemento é o índice de esquecimento que indica em que medida o comprador esquece a marca. Quantos maiores estes três elementos, maior continuidade a propaganda deve ter.

O anunciante precisa ainda decidir se a exposição do anúncio se dará de forma contínua, concentrada, alternada ou intermitente.

A exposição contínua se dá por inserções do anúncio de forma regular durante um determinado período de tempo. Normalmente ocorre quando o objetivo é a ampliação do mercado.

Já a exposição concentrada é a estratégia em que todo dinheiro destinado à propaganda é gasto durante um único período. É mais adequada para produtos vendidos em ocasião única ou por temporada.

A estratégia de exposição alternada acontece quando a propaganda ocorre por um período, havendo depois intervalo de tempo sem o anúncio, e no período seguinte a propaganda novamente é veiculada de forma acentuada. É a estratégia mais adequada para produtos sazonais ou quando o orçamento para propaganda é curto.

Por fim, a exposição do anúncio de forma intermitente se expressa por propagandas constantes em níveis baixos, reforçada esporadicamente por atividades mais intensas. Com essa exposição contínua e alternada é criada uma espécie de programação balanceada.

12. Eficiência da propaganda

Após a seleção de um canal ou de alguns canais de mídia, tem início o processo de veiculação da campanha de propaganda. Os profissionais de marketing devem estar atentos aos problemas que eventualmente possam surgir. O mercado pode não responder como o esperado, por exemplo. Esses problemas são identificados quando se percebe que os objetivos não foram alcançados. Todavia, toda campanha de comunicação pode ser ajustada ao longo de sua execução, mas para isso é fundamental coletar **feedbacks** do mercado.

Além disso, os erros precisam ser encarados como aprendizado, servindo como experiência para as próximas campanhas. Além do mais, de nada adianta uma boa programação e administração de propaganda se não há eficácia em sua condução. Para isso, muitos anunciantes tentam avaliar o efeito da comunicação de um anúncio sobre os potenciais consumidores.

Uma das ferramentas utilizadas para se chegar ao efeito da comunicação é uma pesquisa que busca responder se o anúncio está de fato comunicando a mensagem de maneira eficiente. Essa pesquisa é chamada de pré-teste de texto e pode ocorrer antes e após a veiculação do anúncio.

Existem alguns métodos de pré-teste que podem responder a estes anseios dos anunciantes. Um deles é o que os consumidores são levados a explicar suas reações a determinado anúncio por meio de perguntas específicas sobre o impacto da mensagem para o consumidor, a chance de o consumidor ser influenciado por aquela propaganda e compelido a tomar uma atitude, quais os pontos positivos e negativos do anúncio etc.

Outro método utilizado é o que expõe os clientes a um conjunto de anúncios e logo após lhes é solicitado que mencionem os anúncios vistos e seus conteúdos, com ou sem ajuda. O grau de recordação de um anúncio demonstra sua capacidade de ser compreendido e de permanecer na lembrança do consumidor.

Há, também, um método que usa avaliações de reações fisiológicas, como o funcionamento do coração e da pressão arterial, a transpiração etc., a determinado anúncio.

O consumidor também pode ser exposto a um teste em que gira um botão de acordo com o interesse ou simpatia por determinada característica de materiais que vai observando em sequência. Embora esses dois últimos métodos tenham o poder de medir o quanto o anúncio chama a atenção, não captam se houve algum impacto quanto às intenções do consumidor.

Ainda que tenham valor como captadores de informações úteis, tais métodos ou pré-testes não devem ser utilizados isoladamente, pois nem sempre anúncios que são bem avaliados nos pré-testes alcançam bons resultados no mercado.

Há, ainda, os testes efetuados após a conclusão da campanha publicitária, para avaliar sua repercussão. Se o objetivo do anunciante era aumentar a percepção da marca de x para 3x e a pesquisa captou que o aumento se deu em 2x, conclui-se que o gasto com propaganda foi menor que o necessário, ou ainda os anúncios não eram bons o suficiente, ou ainda algum outro quesito foi ignorado.

Com relação, especificamente, às instituições de ensino, o profissional de marketing educacional pode coletar *feedback* sobre uma campanha de propaganda através de vários canais como: site da instituição, do call center, do departamento de admissão, além de outros tipos de contato que consiga estabelecer com o público-alvo.

13. Composto de comunicação

Além da propaganda, outros elementos ou formas de comunicação podem ser combinados no plano de comunicação de uma empresa ou instituição de ensino, visando a eficácia da comunicação com o cliente. Estas formas serão abordadas a seguir.

a) Promoção de vendas

A promoção de vendas é um dos compostos de comunicação que tem como meta obter resposta rápida no aumento de vendas, da demanda ou da disponibilidade do produto nos pontos de venda. Acontece por meio do incentivo a se experimentar o produto e pode ser direcionada aos consumidores finais, com emissão de cupons de descontos, distribuição de amostras grátis, concursos. Neste sentido, deve-se ter precaução em não utilizar essa estratégia com frequência, pois pode gerar desconfiança no público-alvo com relação ao produto ou ainda para este público pode se tornar banal a ação de experimentação, amostra grátis etc.

Pode ser direcionada também aos profissionais de venda da empresa, como premiação ou comissão e ainda aos profissionais que não participam diretamente da venda, como premiação pelo alcance da meta de vendas e outros.

Esse tipo de estratégia normalmente é combinado com a propaganda ou a venda pessoal e, apesar de apresentar resultados no curto prazo, por não trabalhar a fidelização da marca, não apresenta garantias de sucesso em longo prazo.

b) Relações públicas

Esta estratégia tem a missão de promover a imagem da empresa ou de seus produtos. A função de relações públicas dentro da empresa se ocupa não somente da divulgação do produto, mas também das relações com a imprensa, da comunicação interna da empresa e do aconselhamento à administração.

A função de relações públicas é estratégica e indispensável para que as organizações se posicionem institucionalmente e administrem com eficiência suas relações com os *stakeholders*. Assim, a atividade de relações públicas, combinada com os outros itens do composto de comunicação, é muito eficaz no alcance do objetivo de marketing da empresa. No tocante às instituições de ensino, é uma ferramenta fundamental, pois o gestor precisa ter o papel de líder com grande visibilidade e influência junto aos *stakeholders*. A atividade de relações públicas tem o objetivo, por assim dizer, de promover ações que tornem produtos, pessoas ou mesmo empresas mais aceitos publicamente.

ATENÇÃO! São exemplos de produtos gerados pelas relações públicas de uma instituição de ensino: vídeos institucionais, entrevistas e reportagens da imprensa.

A área de relações públicas tem possibilidade de atuar não somente em nível tático, mas também em nível estratégico dentro de uma instituição de ensino. As escolas que podem contar com o apoio da área de relações públicas na criação e no desenvolvimento de seu planejamento estratégico podem se beneficiar de muitas possibilidades de atuação, muito diferentes daquelas que contam com esta ferramenta apenas em nível tático.

O processo de relações públicas precisa se dar de forma permanente e constante. Já que as ações de relações públicas estão relacionadas à imagem de uma instituição de ensino junto a seus diversos públicos, é preciso explorar ao máximo as possibilidades dessa área da comunicação sob todas as formas, estratégica e tática, e não somente para atividades pontuais. É necessário lembrar que a imagem é um conceito dinâmico, suscetível a mudanças ambientais. Acrescentemos a isso a constatação de que as atividades de relações públicas têm o objetivo de atingir públicos diversos, como pais, alunos, professores etc. Dessa forma, como parte do plano de comunicação, o plano de relações públicas precisa selecionar o público-alvo e os objetivos da escola a cada novo planejamento.

Após a seleção dos públicos, é imprescindível que se identifique a imagem da escola para cada um deles. Uma escola do Ensino Médio pode ter uma imagem positiva junto ao público jovem por causa de seu posicionamento e suas instalações modernas, mas pode ser desconhecida dos pais. Levando-se em consideração que os pais têm forte impacto sobre as decisões dos filhos nessa faixa etária, dada sua dependência financeira em relação aos progenitores, é fundamental que a escola inicie um trabalho de relações públicas com os pais.

É essencial, também, para os profissionais de relações públicas, atuar junto aos líderes de opinião e demais lideranças sociais. Essas pessoas, que têm grande impacto sobre os demais membros de um grupo, atuam como fontes de disseminação de ideias e padrões de consumo.

Várias tarefas de relações públicas podem ser desenvolvidas em nível educacional. Uma delas já foi mencionada, que é identificar os líderes de opinião locais e convidá-los para eventos na sede da instituição de ensino, com o objetivo da manutenção de um relacionamento estreito entre eles e a instituição. Outra tarefa é a de estimular o corpo docente e os funcionários da escola a atuarem em projetos da comunidade. Isso ainda desenvolve nos colaboradores um sentido de motivação por parte da instituição de ensino. Desenvolver uma equipe de oradores para falar a grupos locais também é uma estratégia de relações públicas. Outras ações concernentes à comunidade também podem ser implementadas como tornar as instalações e alguns programas mais acessíveis, organizar visitas ao *campus* e criar conselhos participantes no dia a dia da instituição, formados por membros da comunidade.

Como proposta de comunicação, todo projeto de relações públicas deve, após sua implantação, ter acompanhamento constante para a correção de possíveis erros.

As atividades de relações públicas são bem amplas e abrangem, dentre outras coisas: a produção de folhetos, materiais impressos e audiovisuais em geral a respeito da escola; a divulgação de notícias sobre a instituição de ensino ou sobre seus membros em meios de comunicação prestigiados e de grande impacto social; a inserção de membros da escola em eventos importantes, como convidados ou como oradores; e todas as maneiras de contato da escola com seus públicos mais importantes por meio de sites, call centers, departamentos de admissão etc.

Em escolas estruturadas, geralmente existem setores e serviços como sites, call centers, e departamentos de admissão. Mas ainda que tais setores e serviços inexistam, sempre é possível planejar e implementar uma política de relações públicas a ser seguida por todos, com acompanhamento e desenvolvimento das políticas e o treinamento dos funcionários.

c) Venda pessoal

A estratégia denominada venda pessoal se caracteriza pela venda que envolve relação com o cliente e deve ser utilizada para incrementar a preferência do consumidor e tirá-lo da inércia. Pode se dar por telefone, e-mail, chats ou ainda face a face. A venda pessoal viabiliza o maior conhecimento do cliente por parte do vendedor, e esta aquisição de conhecimento é repassada para o marketing para fazer possíveis mudanças nos próximos contatos entre vendedor e comprador. Apesar do custo do contato com o cliente ser maior que as outras estratégias de comunicação, o custo total é relativamente baixo.

d) Marketing direto

O marketing direto ou comunicação direta representa o contato com o cliente para uma resposta rápida. O retorno do marketing direto é mensurável com certa facilidade e respalda as tarefas de interação com o cliente através do envio de brindes e felicitações em datas comemorativas, além do fornecimento de informações de relevância para o cliente.

Exemplos de marketing direto são a mala direta, televendas, comunicação pela internet.

A vantagem desse tipo de estratégia de comunicação é a conveniência de efetuar a compra sem precisar sair de onde se está. Todavia, perde-se na falta de contato físico entre vendedor e cliente.

O banco de dados do vendedor é uma fonte privilegiada de informações sobre clientes, ex-clientes e clientes potenciais. A partir dessa lista, a empresa pode fazer ofertas específicas para determinado grupo de clientes, quer sejam eles potenciais, ex-clientes ou ativos.

O que faz um consumidor decidir por um produto ou serviço em lugar de outro? Com a competição acirrada em todos os setores, por conta da concorrência, procurar entender como o consumidor responde a certos estímulos é uma tarefa essencial para qualquer gestor. É necessário compreender o que leva os consumidores a tomar suas decisões.

Com relação às instituições de ensino, é primordial entender como pais e alunos respondem aos estímulos. É necessário saber demonstrar que a escola é a maneira mais adequada de satisfação de suas necessidades e desejos. Esse convencimento de alunos e pais leva-os a efetuarem a matrícula. Aí se encontra o fundamento do marketing.

A escolha de uma instituição de ensino não funciona da mesma maneira que a escolha por um par de sapatos. É uma escolha feita com pouca frequência e envolve riscos, apresenta diferenças grandes entre as opções, e o comprador geralmente sabe muito pouco sobre o que está comprando, portanto, a avaliação sobre o que escolheu não é imediata, mas se dá ao longo do tempo.

O ato de escolher uma escola envolve um comportamento de compra complexo e se dará se a instituição for percebida como a entidade capaz de satisfazer da melhor forma as expectativas do cliente. Tomar a decisão pela matrícula então envolve a análise de várias opções, tais como investimento, falta de conhecimento necessário para se fazer uma avaliação inicial e possibilidade de se ter feito a escolha errada. Além disso, ao escolher uma instituição, o cliente está escolhendo algo subjetivo, intangível.

Cabe aos gestores da instituição de ensino, portanto, utilizar uma série de recursos de comunicação como meio de persuasão para transformar **prospect** em visitas e visitas em matrículas. Esse trabalho de persuasão deve se dar ao longo do tempo do relacionamento com o aluno e seus pais, para que os próprios clientes sejam divulgadores positivos da instituição. Este é o poder de mercado da propaganda: a maneira de persuadir os possíveis clientes a ponto de se tornarem clientes encantados que sejam agentes naturais do marketing educacional.

Glossário – Unidade 4

Brand equity – valor agregador, resultante da transformação de um produto numa marca. O conceito de *brand equity* atribui a determinadas marcas um valor superior ao que os consumidores lhe atribuem.

Briefing – instrução específica e resumida, geralmente antes de alguma ação, que visa a preparar uma pessoa ou grupo para um determinado modo de agir. De maneira geral, o briefing é um documento que um profissional de marketing transmite a quem vai realizar uma campanha publicitária promocional, de relações públicas ou uma pesquisa de mercado.

Displays – elemento promocional colocado em pontos de venda para expor, demonstrar e ajudar a vender produtos.

Feedbacks – avaliação de um ato em execução ou já executado, para a verificação de que é ou foi adequado aos fins em vista, geralmente para efeito de controle.

Posicionamento da marca – percepção que o cliente tem, ou se quer que tenha, de uma determinada marca, empresa, produto ou serviço frente aos concorrentes. Ato de desenvolver a oferta e imagem da empresa, de forma que ocupem um lugar distinto e valorizado na mente dos consumidores alvo.

Prospect – consumidor provável, aquele que tem o poder de comprade um determinado produto/marca ou serviço com potencial pata tornar-se consumidor, se devidamente motivado. Também chamado de cliente potencial.

Publicidade – toda divulgação de produto/empresa em formato de notícia, na qual não esteja caracterizado a existência de patrocínio. Embora para o marketing, o conceito de publicidade seja este, no que diz respeito ao CONAR, publicidade é toda atividade destinada a estimular o consumo de vens e serviços, bem como promover instituições, conceitos ou ideias.

Referências

CARISSIMI, Aline Chalus Vernick; TROJAN, Rose Meri. A valorização do professor no Brasil no contexto das tendências globais. *Jornal de Políticas Educacionais*. n. 10, p. 57-69, Ago./dez. 2011. Disponível em: <http://ojs.c3sl.ufpr.br/ojs/index.php/jpe/article/view/26301/17502>. Acesso em: 24 fev. 2015.

CARLOTTO, Mary Sandra. A síndrome de burnout e o trabalho docente. *Psicologia em Estudo*, Maringá, v. 7, n. 1, p. 21-29, jan./jun. 2002. Disponível em: <http://www.scielo.br/pdf/pe/v7n1/v7n1a03.pdf>. Acesso em: 24 fev. 2015.

CARLOTTO, Mary Sandra. Burnout e o trabalho docente: considerações sobre a intervenção. *Revista Eletrônica Interação Psy*, ano 1, n. 1, p. 12-18, ago. 2003. Disponível em: <http://tupi.fisica.ufmg.br/~michel/docs/Artigos_e_textos/Stress_qualidade_de_vida/007%20B%20%20Burnout%20-%20Diversos%20artigos%20-%20REVISTA%20ELETR%D4NICA.PDF#page=12>. Acesso em: 24 fev. 2015.

COLOMBO, Sonia Simoes e Cols. *Marketing educacional em ação*. São Paulo: ArtMed, 2005.

FERREIRA, Eveline Mileide Mattos; FERREIRA, Renata Vieira Lima; SOUZA, Tatiana Cristina da Silva. *Marketing educacional: um estudo de caso das estratégias mercadológicas adotadas pela Escola Adventista de Lins*. Trabalho de Conclusão de Curso apresentado à Banca examinadora do Curso de Administração do Centro Universitário Católico Salesiano. Florianópolis, 2009.

JUNIOR, Astrogildo Tavares de Souza. *Marketing educacional: conquistando seu espaço*. Disponível em: <http://www.psicopedagogia.com.br/artigos/artigo.asp?entrID=718>. Acesso em: 24 fev. 2015.

KOTLER, Philip; KELLER, Kevin Lane. *Administração de Marketing*. 12. ed. Tradução de Monica Rodenberg, Brasil Ramos Fernandes e Claudia Freire. São Paulo: Pearson, 2006.

LAPO, Flavinês Rebolo. BUENO, Belmira Oliveira. Professores, desencanto com a profissão e abandono do magistério. *Cadernos de Pesquisa*, São Paulo, n. 118, mar. 2003.

LAS CASAS, Alexandre Luzzi. *Marketing educacional: da educação infantil ao ensino superior no contexto brasileiro*. São Paulo: Saint Paul, 2008.

MADEIRO, Eraldo Pereira. O papel do Gestor Escolar na motivação do aluno e do professor. Disponível em: <http://www.artigonal.com/educacao-on-line-artigos/o-papel-do-gestor-escolar-na-motivacao-do-aluno-e-do-professor-3351283.html>. Acesso em: 19 fev. 2015.

PAIVA, Rodrigo. *Gestão de Marketing*. Curitiba: IESDE Brasil, 2012.

PINTO, José Marcelino Rezende. Remuneração adequada do professor. Desafio à educação brasileira. *Revista Retratos da Escola*, Brasília, v. 3, n. 4, p. 51-67, jan./jun. 2009.

ROGERI, Rosana. Lições de Marketing para sala de aula. Disponível em: <http://www.docenciainloco.com/educacao-2/educacao-empreendedora/licoes-de-marketing-para-a-sala-de-aula/>. Acesso em: 11 fev. 2015.

SARAIVA. VadeMecum. São Paulo: Saraiva, 2015.

Fabio Fernando Rodrigues Fernandes

É graduado em Administração pelo Mackenzie-RJ e tem MBA em gestão de projetos pela Fundação Getúlio Vargas-RJ. Atua como administrador no Banco de Nacional de Desenvolvimento Econômico e Social (BNDES).